AF459808

DU

ROLE DE L'ÉTAT

DANS LA PROTECTION

Des Enfants maltraités ou moralement abandonnés

Commentaire de la Loi du 24 juillet 1889 (Titre II)

PAR

V. RADENAC

DOCTEUR EN DROIT

AVOCAT A LA COUR D'APPEL

PARIS

LIBRAIRIE NOUVELLE DE DROIT & DE JURISPRUDENCE

ARTHUR ROUSSEAU, ÉDITEUR

14, RUE SOUFFLOT ET RUE TOULLIER, 13

1901

DU ROLE DE L'ÉTAT

DANS LA PROTECTION

des Enfants maltraités ou moralement abandonnés

DU

ROLE DE L'ÉTAT

DANS LA PROTECTION

Des Enfants maltraités ou moralement abandonnés

Commentaire de la Loi du 24 juillet 1889 (Titre II)

PAR

V. RADENAC

DOCTEUR EN DROIT

AVOCAT A LA COUR D'APPEL

PARIS

LIBRAIRIE NOUVELLE DE DROIT & DE JURISPRUDENCE

ARTHUR ROUSSEAU, ÉDITEUR

14, RUE SOUFFLOT ET RUE TOULLIER, 13

1901

A LA MÉMOIRE DE MA MÈRE

A MON PÈRE

PRÉLIMINAIRES

Toutes les questions relatives à l'enfance nous attirent et nous passionnent. Aux deux extrémités de la vie, il y a des êtres qui ont droit à toute la sollicitude humaine, à toute la protection, l'enfant qui n'a pas encore la force, le vieillard qui l'a déjà perdue. Mais il semble que l'enfance intéresse plus encore que la vieillesse, parce que celle ci n'est que le passé, tandis que l'autre, c'est l'avenir.

La société borne le plus souvent son intervention aux mesures de répression, plus soucieuse de police que d'amélioration sociale, plus apte à punir qu'à encourager ou à relever. En présence cependant de l'augmentation toujours croissante de la criminalité chez l'enfant, on doit se demander si le rôle de la société ne devrait pas être plus élevé et aussi plus humain, si au siècle où nous vivons, une nation a le droit de se désintéresser d'une partie des membres qui la constituent et d'abandonner aux hasards de la rue, une foule d'enfants voués par la misère où les mauvais exemples aux pires destinées.

La criminalité augmente singulièrement dans la jeunesse où elle recrute ses sujets les plus nombreux : les statistiques douloureuses, mais hélas ! trop certaines sont là pour affirmer ce fait. Si tous ces malheureux qui, de degré en degré, sont descendus jusqu'au dernier échelon de l'échelle sociale avaient été enlevés à temps au milieu malsain où ils se corrompaient, n'auraient-ils pas, pour la plupart, échappé au sort misérable qui les attendait ? Il y a là un problème à résoudre ; il y a là un danger social souvent signalé, dont le remède est peut-être difficile à trouver parce que le mal a des racines profondes mais un remède que nous devons chercher sans découragement et sans relâche.

Cependant, nous ne pouvons méconnaître les efforts tentés de différents côtés pour guérir le vice ou panser les blessures morales ; beaucoup de bons cœurs, de belles âmes ont eu la hantise des injustices qui s'étalaient au grand jour en présence de tant de maux et les sociétés particulières se sont efforcées de réparer la faute de la grande société trop indifférente, au moyen de fondations privées qui se sont ouvertes en grand nombre et qui ont pris une importance assez grande pour qu'il soit nécessaire un peu partout de compter avec elles.

D'autre part, les pouvoirs publics ne devaient pas

rester inactifs. Dans le courant de ce siècle, en effet, les lois protectrices de l'enfance se sont multipliées; mais, si les enfants du premier âge ou les jeunes détenus, par exemple, avaient eu l'heureuse fortune de préoccuper le législateur, il était aussi toute une catégorie d'enfants qui demeurait sans protection légale.

Ce sont les enfants délaissés ou moralement abandonnés, les mineurs de 16 ans que leurs parents, pour des causes dépendant ou non de leur volonté, laissent dans un état habituel de mendicité, de vagabondage ou de prostitution ; il y avait là une lacune législative énorme. Nous verrons que l'Assistance publique et les sociétés privées avaient essayé de différentes manières de parer aux inconvénients que suscitait cette absence de loi, mais leurs efforts étaient restés à peu près sans résultat, et, en fait, un nombre considérable d'enfants, surtout dans les grandes villes, étaient livrés sans protection à tous les dangers de la rue.

C'est alors qu'en présence de la progression constante du nombre des jeunes délinquants mineurs de 16 ans, les pouvoirs publics s'émurent et que fut préparée, votée, puis promulguée la loi du 24 juillet 1889.

On avait enfin compris que lutter contre l'abandon moral, c'est combattre la criminalité.

La tâche du législateur était double. Il avait bien senti que parmi les enfants délaissés il fallait distinguer deux catégories séparées l'une de l'autre par une différence profonde.

Les uns, en effet, sont délaissés parce que leurs parents vivant eux-mêmes dans le désordre et dans la débauche ne s'occupent de leurs enfants que pour en tirer un profit infâme; les autres sont abandonnés à eux-mêmes parce que leurs parents appelés tout le jour au dehors par les cruelles nécessités de la vie sont dans l'impossibilité matérielle de surveiller leurs enfants dont les instincts mauvais sont alors développés par l'exemple des autres et par l'encouragement à mal faire.

De là, la division de la loi nouvelle en deux titres parfaitement distincts qui, en réalité, pourraient faire l'objet de deux lois séparées et qui peuvent fort bien, en conséquence, être étudiés l'un sans l'autre.

Le titre I vise les parents indignes et a, par suite, un caractère essentiellement pénal ; il détermine les cas où le père, la mère et les ascendants sont déchus de la puissance paternelle et de tous les droits qui en dérivent : il règle la procédure à laquelle est soumise l'action en déchéance et l'organisation de la tutelle après que la déchéance a été prononcée.

Quant au titre II qui fera seul l'objet de notre étude, il s'occupe de la protection des enfants que leurs parents sont incapables de diriger et de surveiller ; il établit et réglemente la possibilité de désaisissements de la puissance paternelle et le transfert des droits qui s'y rattachent à l'Assistance publique.

Notre étude se divisera en trois parties principales :

dans une première partie, nous rechercherons quel était l'état de la question avant 1889, quelle lacune la loi nouvelle était destinée à combler; dans une deuxième partie, nous étudierons la loi elle-même; dans la troisième partie, nous insisterons particulièrement sur les différents modes de placement des pupilles recueillis, et, pour finir, nous examinerons les résultats produits par la loi, nous nous demanderons pourquoi elle n'a pas entièrement répondu aux désirs et aux vœux de ceux qui l'avaient inspirée.

PREMIÈRE PARTIE

Les enfants maltraités ou moralement abandonnés avant 1889.

S'il est un fait qu'on ne peut nier impunément, c'est le souci du législateur pour la protection de l'enfance. En un siècle, les lois se sont multipliées pour protéger l'enfant, et aux efforts du législateur sont venus se joindre ceux de la charité privée qui a accompli une œuvre considérable et digne d'admiration.

Les enfants trouvés, soit qu'ils fussent trouvés dans un lieu quelconque ou portés à l'hospice, les enfants matériellement abandonnés, les orphelins pauvres, sans père ni mère, ni aucun moyen d'existence, trouvaient dans le décret du 19 janvier 1811, une protection suffisante ; leur éducation était confiée à la charité publique. L'enfant, accepté par l'administration et recueilli par

par elle, devenait en vertu de la loi du 15 pluviôse an XIII, le pupille de la commission administrative de l'hospice, l'un des membres faisant fonction de tuteur ; à Paris, en vertu de la loi du 10 janvier 1849, le tuteur est le directeur de l'Assistance publique.

Elevé dans le premier âge par une nourrice, le jeune pupille reste à la campagne jusqu'à l'âge de six ans; puis, à cet âge, l'enfant est confié par l'administration à des particuliers, envoyé le plus souvent dans des fermes où le rude métier des champs fortifie son corps et l'habitue au travail.

Cette protection si efficace et si bienfaisante qu'elle fût, ne durait malheureusement pas assez longtemps, car à 12 ans, l'enfant est mis en apprentissage, et d'autre part, en vertu de règlements trop restrictifs de l'administration de l'Assistance publique, elle ne s'appliquait pas à tous les enfants assistés. Quant aux enfants abandonnés, tout d'abord, ils n'étaient recueillis qu'autant qu'ils avaient été conduits à l'hospice même, car l'abandon ne se présume pas; en second lieu, en vertu d'une circulaire ministérielle exorbitante de 1823, les enfants âgés de plus de douze ans ne pouvaient être admis; mais cette anomalie a, depuis, cessé d'exister.

En outre, et c'est là le point capital, le décret de 1811 était trop limitatif dans l'énumération des enfants assistés.

Si, en effet, nous examinons d'une part quelle était la situation des enfants maltraités, on s'aperçoit bien vite que jusqu'à 1889, elle était des plus malheureuses (1). Sans doute, notre Code frappait de certaines pénalités les tristes individus qui martyrisaient ou maltraitaient leurs enfants, mais ces pénalités étaient insuffisantes et intervenaient à un moment où il était temps encore de châtier le coupable, mais trop tard pour sauver la victime ; sortis de prison, les parents dénaturés reprenaient tous leurs droits sur leurs enfants et pouvaient tout à leur aise, assouvir de nouveau une haine que quelques mois d'incarcération n'avaient fait qu'augmenter.

En fait, il est vrai, un certain nombre d'enfants maltraités étaient recueillis par des sociétés de bienfaisance. Celles-ci trouvaient alors dans la jurisprudence un moyen salutaire de repousser les réclamations des parents.

Les tribunaux, en effet, essayant de pourvoir aux besoins les plus pressants, admettaient que le droit de garde pouvait être retiré au père ; mais il n'en restait pas moins vrai qu'il n'y avait aucune règle générale, obligatoire, et nombre d'enfants restaient aux mains de leurs bourreaux, faute d'avoir rencontré une âme charitable qui prît en pitié leur malheurux sort.

A ce premier point de vue, une loi était donc

(1) Rapport au Congrès international d'Assistance publique et de bienfaisance privée tenu à Paris, du 30 juillet au 5 août 1900.

nécessaire pour retirer aux parents barbares les droits qu'ils conservaient sur leurs enfants et dont l'exercice était un obstacle constant aux efforts de la charité publique ou privée.

D'autre part, il était toute une catégorie d'enfants non moins intéressante que celle des enfants protégés en vertu du décret de 1811 et en tous cas beaucoup plus nombreuse qui restait sans protection légale. La protection du décret de 1811 leur était refusée parce que ces enfants étant en nombre considérable, il s'était élevé au lendemain de la mise en vigueur de ce décret des réclamations très vives tendant à faire restreindre faute de ressources suffisantes, les admissions d'enfants dans les hospices. Cette catégorie d'enfants, dits « moralement abandonnés » sont ces jeunes vagabonds que les Anglais désignent du nom bien significatif de « petits arabes » « arab boys ». Ils constituent pour la société le pire danger; c'est en effet dans leurs rangs que se recrutent toute l'armée du vice et du crime, tous les adeptes de la prostitution et de la débauche. Envoyés à l'école, ils l'ont fréquentée d'abord irrégulièrement, puis avec l'aide de l'habitude et des mauvaises fréquentations, ils ont fini par l'abandonner tout à fait. N'osant plus rentrer au foyer paternel, souvent même chassés par leurs parents, c'est alors que commence pour eux cette vie de misère et de honte qui les fera glisser de degré en degré jusqu'au délit et jusqu'au crime. D'abord, ils trouvent dans des métiers plus ou moins interlopes les ressources nécessaires à leur pauvre existence; ils vendent des fleurs ou des journaux, le soir, à la porte des théâtres et des lieux de plaisir, couchent sous les arches des ponts, dans les maisons en construction ou dans les carrières à plâtre, fréquentent les pires gredins et contractent des habitudes d'indépendance et d'oisiveté qui les rendent réfractaires à toute idée d'un travail sérieux; puis, leurs besoins ayant grandi, ils commettent des délits ou des crimes qualifiés qui les amènent devant la justice.

La cause de cet abandon, l'origine première de tant d'existences manquées, on la trouverait facilement. Au premier rang, peut-être faut-il placer l'instinct; dès l'âge le plus tendre, l'enfant est tenté par le vagabondage et lorsqu'une fois il en a goûté c'est une habitude qu'il perd difficilement. Les parents usant du droit qui leur est reconnu par les articles 375 à 383 du Code civil ont pu obtenir l'envoi de leur enfant dans une maison de correction pour un mois ou pour six mois, suivant qu'il a ou non dépassé l'âge de 16 ans, mais l'enfant qu'un séjour aussi court n'a pu corriger est retombé dès sa sortie dans de nouveaux écarts et a fini par décourager complètement ses parents. Trop souvent aussi, l'inconduite de ceux-ci est la cause : c'était d'abord le ménage uni d'ouvriers heureux; c'était la loi du travail acceptée courageusement; puis, la jeunesse a disparu ; la lassitude s'est emparée du père ; à quoi bon tant de peine pour n'être jamais riche ? peu à peu les liens se relâchent et les parents se laissent aller au pire désordre.

Quelquefois aussi, le chômage, la maladie ou les infirmités sont les grands coupables.

Chaque jour, enfin, et c'est là, peut-être, la cause véritable de l'abandon de tant d'enfants, la grande industrie arrache au foyer ceux qui sont en état de travailler.

La mère, elle-même, retenue à l'usine ou à l'atelier durant toute la journée, n'a aucun loisir pour s'occuper des soins les plus élémentaires dans son intérieur.

Quelle que soit la cause, l'effet est toujours le même ; le sort de l'enfant délaissé ne peut être que malheureux. Ignoré au moment où une main secourable pouvait encore le tirer de la fange, la société n'a commencé à s'occuper de lui que le jour où il est devenu pour elle un véritable danger, le jour où ce qui devait arriver fatalement est arrivé ; l'enfant est alors tombé, on peut affirmer sans crainte qu'il ne se relèvera plus.

N'est-ce pas là un fait monstrueux, une chose indigne de notre époque ?

Si le délit commis par l'enfant est peu grave, l'administration se trouve placée devant cette alternative, ou bien remettre à leurs parents les enfants arrêtés, ou bien les déférer à la justice.

Quel que soit celui de ces deux partis qui sera pris, les conséquences, pour n'être pas les mêmes, n'en seront pas moins déplorables. Rendus à leurs parents, ils recommenceront leur vie de vagabondage et d'indiscipline. « L'enfant reviendra à bref délai devant « le magistrat qui cette fois le retiendra. Mais alors, « il sera trop tard. Qu'on songe à l'influence que « produisent sur l'enfant ces arrestations succes- « sives et ces séjours si courts qu'ils soient à la pré- « fecture de police. L'impression terrible que reçoit « l'enfant lorsque la main de l'autorité le saisit n'est « plus la même une deuxième fois ; peu à peu, il se fa- « miliarise avec ces émotions, et, à chaque étreinte « nouvelle, il perd quelque chose du respect de lui- « même et de la loi (1). »

Déféré à la justice, en vertu de l'art. 66 du Code pénal, si le tribunal décide que l'enfant a agi sans discernement, il sera acquitté mais conduit dans une maison de correction, le plus souvent jusqu'à sa majorité ; dans le cas seulement où il a agi avec discernement il sera condamné ; mais les deux résultats ne sont pas meilleurs l'un que l'autre. Condamné, l'enfant tombera sous l'application de la loi du 5 août 1850. — Sans doute, cette loi bienfaisante, qui a servi de point de départ à l'étranger à un grand mouvement en faveur de l'enfance, sépare les jeunes détenus des condamnés adultes et c'est là un progrès notable, mais il n'en reste pas moins vrai

(1) Rapport de M. le pasteur Robin sur la protection des enfants insoumis ou abandonnés à la Société générale des prisons. — Séance du 5 janvier 1878.

que l'emprisonnement en commun engendrait d'autant plus la corruption que les mineurs de 12 ans demeuraient néanmoins confondus avec les mineurs plus âgés.

Envoyé en correction, l'enfant frappé dans sa jeune imagination perdra toute confiance en lui-même et se laissera envahir peu à peu par des sentiments de haine et de révolte contre l'autorité ; sa jeunesse passée dans l'emprisonnement aura dépravé ses goûts et détruit en lui toute initiative.

Voilà l'œuvre de la société ! Combien nombreux sont ces enfants qui n'ont commis d'autre faute que d'être nés de parents malheureux ou indignes et qui, peu à peu, sont devenus les pires ennemis de la société, la plaie sociale le plus profonde et le plus saignante.

Alors qu'au début, une main tendue aurait suffi à les ramener dans la bonne voie, plus tard, c'est le Code pénal qu'il faut appliquer, c'est la prison qui est devenue nécessaire. Nous nous refusons à admettre, pour notre part, que l'enfant qui naît avec des dispositions vicieuses, que la maladie ou le vice des parents a prédisposé au crime, naisse, pour cette seule raison, incorrigible ; les calculs et les constatations savantes du professeur Lombroso ne sauraient nous convaincre et, s'il est des exceptions, nous sommes persuadés qu'elles sont rares et que dans ces cas, les prisons ou les maisons de correction devraient être remplacées par des asiles pour les mineurs affectés de tendances criminelles obstinées. Mais, dans la grande majorité des cas, nous osons soutenir qu'une bonne éducation, une tutelle intelligente et énergique auraient eu raison des dispositions vicieuses d'un grand nombre d'enfants.

A quoi bon construire tant de prisons ; pourquoi ces sommes considérables affectées à la réfection des prisons anciennes, à la construction de nouvelles ? Ne serait-il donc pas préférable d'employer cet argent à secourir cette multitude de vagabonds et d'enfants délaissés ?

A quoi bon reviser les articles du Code pénal concernant les mineurs de 16 ans ou la loi du 5 août 1850 ? Sans doute, il importe d'améliorer l'éducation correctionnelle ; il est de toute nécessité de soumettre l'enfance criminelle à un régime spécial, mais ne serait-il pas plus humain encore d'arrêter par une éducation préventive ce flot toujours croissant de la criminalité chez l'enfant ?

Prendre le mal à la racine et arrêter l'enfant insoumis sur la pente fatale ; voilà l'œuvre à accomplir.

C'est ce qu'ont parfaitement compris et depuis bien longtemps les nations de race germanique, au premier rang desquelles l'Angleterre et les États-Unis. Il y avait là une différence bien souvent signalée entre les pays latins comme le nôtre qui, jusqu'en 1881, ignorait totalement la catégorie d'enfants qui nous occupe et consacrait tous ses efforts aux enfants assistés, et les pays d'origine germanique, l'Angleterre, l'Autriche ou l'Allemagne, où la protection des enfants assistés cédait le pas à celle des moralement abandonnés, où on avait bien compris que ce qu'il faut, c'est rechercher les moyens pratiques de diminuer le nombre des prisonniers bien plus que de chercher un adoucissement à leur sort.

Cependant, les parents eux-mêmes n'étaient pas dépourvus de tout moyen pour redresser leurs enfants vicieux et insubordonnés lorsqu'ils étaient dans l'impossibilité d'exercer sur eux une surveillance efficace. Tout d'abord, ils pouvaient demander leur mise en correction ; mais nos lois n'autorisant la mise en correction que pour une courte durée, ce procédé présentait plus de danger que de bienfait, car l'enfant n'aura pas le temps de se réformer et fera des connaissances qui ne pourront que lui être pernicieuses ; la mise en correction n'a d'efficacité que si elle doit être assez longue et elle ne le sera que si l'enfant a déjà commis un délit. Les parents pouvaient aussi recourir aux sociétés de bienfaisance mais, si celles-ci déployaient un zèle admirable pour sauver les enfants de parents indignes, elles étaient peu portées à s'occuper des enfants indisciplinés et déjà pervertis.

Tel était l'état de choses jusque dans ces dernières années.

Cependant, l'Assistance publique et les sociétés de bienfaisance privée avaient tenté de remédier à un tel mal.

D'une part, en effet, en 1881 le Conseil général de la

Seine, sur la proposition de M. Thulié, avait autorisé l'Assistance publique de Paris à joindre les moralement abandonnés aux enfants assistés. « A la suite d'actes « criminels retentissants, accomplis par des mineurs, « presque des enfants, l'Assistance publique avait été « amenée à se demander si vraiment ces malheureux « étaient les seuls coupables et si la société n'avait pas à se « reprocher de remplir d'une façon insuffisante son rôle « naturel et élevé de protectrice de l'enfance délaissée.

« En présence de cette armée de jeunes vagabonds, « sans soutien, sans moyen d'existence, qui s'accroît « d'année en année avec la population de Paris et dans « laquelle se forment et se recrutent les rôdeurs dé « barrière, les prostituées, les futurs criminels, l'Etat « n'a-t-il pas d'autre rôle que de leur faire sentir la « rigueur de ses lois pénales quand ils ont commis « des délits ou des crimes... La société ne devrait-elle « pas plutôt recueillir ces enfants avant leur perversion, « afin de les diriger vers le bien (1) ? »

C'est pour répondre à ces vœux dignes d'éloges que le Conseil général de la Seine a fait étendre à ces enfants le service des Enfants assistés.

Ce service recueille : 1° des enfants de 12 à 16 ans qui

(1) Rapport de M. Charles Quentin, directeur de l'Assistance publique à Paris, sur le nouveau service des moralement abandonnés, 1882.

se trouvent dans une des situations prévues par le décret de 1811, qu'ils fussent enfants trouvés, abandonnés, ou orphelins pauvres, et qui, sans leur âge, eussent bénéficié de l'assistance ; 2° des mineurs de 16 ans arrêtés par la préfecture de police pour vagabondage ; 3° des mineurs de 16 ans qui sont conduits directement à l'hospice par la préfecture de police après leur arrestation et sur le refus de leurs parents de les réclamer.

L'admission dans le service des enfants assistés était précédée d'un contrat en vertu duquel les parents déclaraient confier leur enfant à l'administration de l'Assistance publique de Paris et autorisaient celle-ci à le pourvoir d'un placement convenable. Ils s'engageaient en outre, pour le cas où ils useraient de la faculté qui leur était laissée de reprendre leur enfant, à rembourser à l'administration tous les frais occasionnés par l'éducation de celui-ci. On ne se faisait aucune illusion sur la valeur d'un tel contrat et l'Assistance publique, elle-même, a dû bien souvent s'avouer vaincue en présence des revendications intéressées des parents.

D'autre part, la charité privée, elle aussi, ne devait pas rester inactive. Jusqu'en 1881, elle était à peu près seule à secourir les enfants délaissés. D'une grande enquête exécutée en 1880 à la demande la de Commission du Sénat chargée d'examiner le projet de loi, il résulte qu'il n'existait pas moins en France de près de douze cents associations ou établissements de charité se consacrant à l'éducation de l'enfance (1).

Mais, malgré le zèle de ces douze cents sociétés charitables, malgré l'heureuse initiative de l'Assistance publique à Paris, le grand refuge des enfants délaissés était encore ou la maison d'éducation correctionnelle ou la prison. En règle générale en effet, la charité privée comme l'Assistance publique ne recueillaient que les enfants âgés de moins de 12 ans et repoussaient impitoyablement les enfants naturels. Si elles tendaient ainsi à restreindre le plus possible les admissions, c'est que l'Assistance publique comme les œuvres privées rencontraient devant elles le même obstacle qui venait paralyser toute bonne volonté en détruisant tout le bien fait à l'enfant. Cet obstacle, c'était l'existence des parents, c'était l'institution de la puissance paternelle.

L'enfant moralement abandonné, recueilli à Paris par l'Assistance publique et placé sous la tutelle du directeur se trouvait en effet dans une situation toute différente de celle des enfants assistés ; l'enfant assisté n'a plus avec ses parents aucune relation ; ils ignorent le lieu où il est placé et ne reçoivent de ses nouvelles que rarement et à des époques fixes. Au contraire, les parents du moralement abandonné peuvent le voir chez les personnes où il est placé et même le reprendre quand bon leur semble ; en l'absence de toute loi, l'administration

(1) Sénat. Documents parlementaires, annexes 1883, p. 269.

n'avait qu'à s'incliner devant la volonté des parents.

A l'égard des établissements privés, la situation était la même ; l'obstacle à leurs efforts résidait dans le manque d'un droit de garde à leur profit et les sociétés de bienfaisance ayant accepté la charge d'un enfant n'avaient alors aucune certitude de pouvoir mener à bonne fin la tâche entreprise. Sans doute, les associations charitables s'efforçaient de lier les parents au moyen d'un contrat, mais ces contrats intervenus entre elles et les familles étaient sans valeur légale, car la puissance paternelle est une institution d'ordre public et les droits qui en résultent sont inaliénables ; la clause pénale stipulée pour le cas où les parents manqueraient à leurs engagements était rendue illusoire par leur insolvabilité.

Les parents sans scrupule et sans conscience pouvaient méconnaître leurs engagements, et, chose plus terrible encore, ils étaient pour leurs enfants les pires conseillers et étaient tenus pour cette raison en une légitime méfiance. Un certain nombre d'établissements de bienfaisance en étaient arrivés à ne plus exiger aucun engagement, sachant bien qu'il ne serait pas tenu.

La charité privée se déclarait donc impuissante à arracher à la mendicité et au vagabondage un grand nombre d'enfants, beaucoup moins faute des ressources nécessaires que par l'insuffisance de nos lois (1).

(1) Théophile ROUSSEL. — Rapport au Sénat. *J. officiel*, 1883. Sénat, annexes, p. 133.

Tel était le mal. Quel pouvait être le remède ?

Le seul efficace était, à n'en pas douter, le désaisissement judiciaire de la puissance paternelle. Les associations charitables avaient bien essayé de différentes manières de lier les parents sans recourir à une loi, de se mettre à l'abri de leurs revendications intéressées, mais toutes ces tentatives avaient échoué.

« On s'est demandé comment on donnerait soit aux « particuliers, soit aux établissements à qui la garde « des enfants doit être confiée, le droit de se défendre « contre des parents qui veulent reprendre leurs « enfants ? Ces questions ont été à plusieurs reprises, « sur l'invitation même de la magistrature, examinées « par la société de patronage des jeunes détenus.

« D'abord, quand un enfant était sur le point d'être « condamné, on nous le remettait à l'audience, sans « jugement, sur la simple déclaration que la société de « patronage des jeunes détenus faisait de s'en charger « et d'en prendre soin. Quand les enfants avaient été « habillés, placés par la société chez des patrons, les « parents qui les avaient employés à la mendicité, « usaient de tous les moyens pour les faire sortir, et ces « enfants ne restaient jamais plus de cinq à six jours « chez leurs patrons.

« Le premier moyen n'ayant pas réussi, on usa « d'une autre combinaison. On fit venir les parents à « l'audience ; l'enfant était acquitté par jugement et il « était constaté que sur le consentement des parents,

« la garde de l'enfant était confiée à la société de patro-« nage. Cette seconde combinaison ne produisit pas de « meilleurs résultats.

« Enfin, on prit un dernier parti : le tribunal fit venir « devant lui, non seulement les parents, mais aussi le « patron chez lequel l'enfant devait être placé, et là, en « audience publique, devant le tribunal, un contrat « d'apprentissage était signé. Mais on reconnut que ce « contrat ne servait à rien. Les parents savaient user « de tous les moyens pour arracher ou détourner leurs « enfants, et de guerre lasse, les patrons ne deman-« daient pas mieux que de voir s'éloigner des enfants « auxquels leurs parents avaient suggéré des idées « d'insubordination et de paresse.

« En définitive, la société de patronage dut renoncer « à patronner des enfants délaissés en dehors des envois « en correction, parce qu'elle reconnut l'impossibilité « d'entrer en lutte avec la puissance paternelle et, on « ne fera dans ces conditions rien d'efficace ni d'utile, « à moins que le législateur ne confère aux adminis-« trations d'assistance et aux associations privées un « pouvoir qui permette de tenir en respect celui du père « lui-même. » (1)

(1) M. BOURNAT, Secrétaire de la Société de patronage des jeunes détenus. membre de la troisième sous-commission de la chancellerie en 1881, chargée d'étudier les dispositions à prendre relativement à la situation légale des enfants délaissés dont les parents, sans être déchus de la puissance paternelle, se reconnaîtraient eux-mêmes incapables de pourvoir à leur éducation et à leur entretien.

Le manque d'un droit de garde à opposer à la puissance paternelle constituait bien le vice radical de la situation légale des enfants moralement abandonnés.

En admettant même que les tribunaux se fussent reconnu le droit de retirer le droit de garde au père qui en faisait un usage contraire aux intérêts de l'enfant, ils ne le faisaient qu'avec la plus grande réserve et les parents conservaient toujours les autres attributs de la puissance paternelle qui pouvaient être entre leurs mains un puissant instrument de chantage.

Tandis que chez nous, la charité publique ou privée se débattait contre un obstacle insurmontable, d'autres peuples, d'esprit plus pratique et plus clairvoyant, savaient obtenir des résultats satisfaisants. L'Angleterre et l'Amérique, en effet, s'étaient préoccupées avant nous de ces difficultés et des moyens de les résoudre. En Angleterre, en vertu d'un « Act » de 1866, tout enfant délaissé, vagabond âgé de moins de 14 ans que les parents déclaraient ne pouvoir surveiller, était, à la demande de ceux-ci, envoyé dans une école industrielle ; une déclaration à cet effet, était faite par eux à un « magistrat » et entraînait une décision judiciaire qui avait pour conséquence légale de soustraire l'enfant à la puissance paternelle et de le placer sous la surveillance de l'autorité publique.

Une loi conférant à l'autorité publique le moyen de repousser les revendications intéressées des parents, une loi les dessaisissant des attributs dangereux entre leurs mains de la puissance paternelle, voilà le remède, voilà le seul moyen d'assurer aux œuvres de bienfaisance toute sécurité dans leur entreprise, la certitude de pouvoir mener à bien leur noble tâche.

Mais combien ce remède ne rencontra-t-il pas d'obstacles ; quelles objections n'a-t-il pas soulevées ? Toucher à la puissance paternelle, c'était, semblait-il, démolir par sa base la plus ancienne des institutions des pays civilisés, la plus respectable et la plus sainte ; c'était désorganiser les familles et jeter partout le trouble et la discorde.

Et cependant le législateur n'était-il pas déjà intervenu à plusieurs reprises pour porter atteinte aux droits absolus du père ? Seulement, il n'y avait alors dans nos œuvre que des lois éparses réglant des cas particuliers.

L'art. 335 du Code pénal prononce la déchéance de la puissance paternelle contre les parents coupables d'avoir excité, favorisé ou facilité la débauche de leurs enfants.

L'art. 66 du même Code et la loi du 5 août 1850 permettent aux tribunaux d'enlever aux parents d'enfants acquittés comme ayant agi sans discernement l'exercice des deux droits les plus essentiels de la puissance paternelle, droit de garde et d'éducation, en envoyant ces enfants dans une maison de correction.

Après cela, nous faudra-t-il citer encore les lois du 22 mars 1841 et 19 mai 1874 sur le travail des enfants employés dans les manufactures, la loi du 23 décembre 1874 relative à la protection des enfants du premier âge et surtout la loi du 7 décembre 1874 sur les enfants employés dans les professions ambulantes, la première qui prononce une déchéance s'étendant à tous les droits et à tous les enfants des parents qu'elle vise.

Mais il n'y avait là aucune réforme d'ensemble et les dispositions législatives que nous venons d'énumérer avaient toutes, ou à peu près, un caractère essentiellement pénal. Or, il ne suffisait pas de secourir les enfants de parents indignes et de frapper ceux-ci de certaines pénalités, il fallait aussi faciliter aux parents malheureux la tâche d'entretien et d'éducation qui leur incombe vis-à-vis de leurs enfants et assurer aux nombreuses sociétés de bienfaisance le succès de leur entreprise.

D'autre part, le juge lui-même témoin chaque jour d'abus criants dans l'exercice de la puissance pater nelle ne s'était-il pas, peu à peu, reconnu le droit d'intervenir, trop timidement, il est vrai, pour arracher un grand nombre d'enfants aux parents incapables et indignes de les élever ? Cette intervention des tribunaux a pu paraître à quelques-uns très critiquable (1), mais la nécessité de secourir l'enfant dont les parents vivent dans l'inconduite et le scandale et dont il ne reçoit que de mauvais exemples devait l'emporter.

« Le droit pour les tribunaux, dit M. Demolombe, « d'intervenir dans l'exercice de la puissance pater-

(1) DRUCKER. — *Thèse*, Paris, 1894, p. 108 et suiv.

« nelle et de la réglementer au mieux de l'intérêt « des enfants, n'est pas écrit sans doute, dans un texte « formel, mais il est fondé sur la nécessité, et dès « lors, il doit avoir pour mesure et pour limite cette « nécessité même qui en est la cause (1) ».

En fait, antérieurement à la loi nouvelle, les tribunaux s'efforçaient de chercher dans l'intérêt supérieur de l'enfance les moyens de la protéger contre les abus de la puissance paternelle et étaient arrivés à puiser dans des motifs de moralité et de haute justice le pouvoir de limiter l'exercice d'une autorité dont ils ne pouvaient atteindre le principe.

Mais, nous le répétons, il n'y avait aucun texte les y autorisant, il n'y avait pas de règle générale, et bien souvent, quelle que soit leur bonne volonté, si intéressante que soit la situation, ils se trouvaient empêchés de rendre leur décision.

Ainsi, la situation était grave. En présence des maux qui s'accumulaient, en présence de l'augmentation de la criminalité infantile, le législateur pouvait intervenir et il le devait ; lui seul pouvait fournir aux sociétés charitables l'arme légale si ardemment souhaitée.

(1) DEMOLOMBE, — T. VI, n° 369

DEUXIÈME PARTIE

La loi du 24 juillet 1889

TITRE II

Une loi complémentaire de la législation des enfants assistés était donc nécessaire. Cette loi, si longtemps attendue et si laborieusement élaborée, est sortie d'un projet déposé au Sénat le 27 janvier 1881 par MM. Théophile Roussel, Bérenger, Dufaure, Fourichon, Schœlcher. et J. Simon.

Après bien des difficultés, après bien des rapports et propositions diverses, elle a pu enfin aboutir et être promulguée le 24 juillet 1889.

TEXTE DE LA LOI

TITRE II. — *De la protection des mineurs placés avec ou sans l'intervention des parents.*

ART. 17. — Lorsque des administrations d'assistance publique, des associations de bienfaisance régulièrement autorisées à cet effet, des particuliers jouissant de leurs droits civils ont accepté la charge de mineurs de 16 ans que des pères, mères, ou des tuteurs autorisés par le conseil de famille leur ont confiés, le tribunal du domicile de ces pères, mères, ou tuteurs, peut, à la requête des parties intéressées agissant conjointement, décider qu'il y a lieu dans l'intérêt de l'enfant de déléguer à l'Assistance publique les droits de puissance paternelle abandonnés par les parents et de remettre l'exercice de ces droits à l'établissement ou au particulier gardien de l'enfant.

Si des parents ayant conservé le droit de consentement au mariage d'un de leurs enfants refusent de consentir au mariage en vertu de l'art. 148 du Code civil, l'Assistance publique peut les faire citer devant le tribunal qui donne ou refuse le consentement, les parents entendus ou dûment appelés, dans la chambre du conseil.

ART. 18. — La requête est visée pour timbre et enregistrée gratis. Après avoir appelé les parents ou tuteur, en présence des particuliers ou des représentants réguliers de l'administration ou de l'établissement gardien de l'enfant ainsi que du représentant de l'Assistance publique, le tribunal procède à l'examen de l'affaire en chambre du conseil, le ministère public entendu. Le jugement est prononcé en audience publique.

Art. 19. — Lorsque des administrations d'assistance publique, des associations de bienfaisance régulièrement autorisées à cet effet, des particuliers jouissant de leurs droits civils ont recueilli des enfants mineurs de 16 ans sans l'intervention des père et mère ou tuteur, une déclaration doit être faite dans les trois jours au maire de la commune sur le territoire de laquelle l'enfant a été recueilli et à Paris au commissaire de police, à peine d'une amende de cinq à quinze francs.

En cas de nouvelle infraction dans les 12 mois, l'art. 482 du Code pénal est applicable. Est également applicable aux cas prévus par la présente loi le dernier paragraphe de l'art. 463 du même Code. Les maires et les commissaires de police doivent dans le délai de quinzaine transmettre ces déclarations aux préfets, et, dans le département de la Seine au préfet de police. Ces déclarations doivent être notifiées dans un nouveau délai de quinzaine aux parents de l'enfant.

Art. 20. — Si dans les trois mois à dater de la déclaration, les père et mère ou tuteur n'ont point réclamé l'enfant, ceux qui l'ont recueilli peuvent adresser au président du tribunal de leur domicile une requête afin d'obtenir que, dans l'intérêt de l'enfant, l'exercice de tout ou partie des droits de la puissance paternelle leur soit confié. Le tribunal procède à l'examen de l'affaire en chambre du conseil, le ministère public entendu. Dans le cas où il ne confère au requérant qu'une partie des droits de la puissance paternelle, il déclare par le même jugement que les autres, ainsi que la puissance paternelle, sont dévolus à l'Assistance publique.

Art. 21. — Dans les cas visés par l'art. 17 et l'art. 19, les père et mère du tuteur qui veulent obtenir que l'enfant leur soit soit rendu, s'adressent au tribunal de la résidence de l'enfant par voie de requête visée pour timbre et enregistrée gratis.

Après avoir appelé celui auquel l'enfant a été confié et le représentant de l'Assistance publique, ainsi que toute personne qu'il juge utile, le tribunal procède à l'examen de l'affaire en chambre du Conseil, le ministère public entendu.

Le jugement est prononcé en audience publique.

Si le tribunal juge qu'il n'y a pas lieu de rendre l'enfant aux père, mère ou tuteur, il peut, sur la réquisition du ministère public, prononcer la déchéance de la puissance paternelle ou maintenir à l'établissement ou au particulier gardien, les droits qui lui ont été conférés en vertu des art. 17 ou 20. En cas de remise de l'enfant, il fixe l'indemnité due à celui qui en a eu la charge ou déclare qu'à raison de l'indigence des parents il ne sera alloué aucune indemnité.

La demande qui a été rejetée ne peut plus être renouvelée que trois ans après le jour où la décision de rejet est devenue irrévocable.

Art. 22. — Les enfants confiés à des particuliers ou à des associations de bienfaisance dans les conditions de la présente loi sont sous la surveillance de l'Etat représenté par le préfet du département. Un règlement d'administration publique déterminera le mode de fonctionnement de cette surveillance ainsi que de celle qui sera exercée par l'Assistance publique.

Les infractions au dit règlement seront punies d'une amende de vingt-cinq à mille francs. En cas de récidive la peine d'emprisonnement de huit jours à un mois pourra être prononcée.

Art. 23. — Le préfet du département de la résidence de l'enfant confié à un particulier ou à une association de bienfaisance, dans les conditions de la présente loi, peut toujours se pourvoir devant le tribunal civil de cette résidence, afin d'obtenir dans l'intérêt de l'enfant que le particulier ou l'association soit dessaisi de tout droit sur ce dernier et qu'il soit confié à l'Assistance publique. La requête du préfet est visée pour timbre et enregistrée gratis. Le tribunal statue, les parents entendus ou dûment appelés.

La décision du tribunal peut être frappée d'appel, soit par

le préfet, soit par l'association ou le particulier intéressé, soit par les parents. L'appel n'est pas suspensif. Les droits conférés au préfet par le présent article appartiennent également à l'Assistance publique.

Art. 24. — Les représentants de l'Assistance publique pour l'exécution de la présente loi sont les inspecteurs départementaux des Enfants Assistés et à Paris, le directeur de l'administration générale de l'Assistance publique.

Art. 25. — Dans les départements où le Conseil général se sera engagé à assimiler pour la dépense les enfants faisant l'objet des deux titres de la présente loi aux enfants assistés, la subvention de l'Etat sera portée au cinquième des dépenses tant intérieures qu'extérieures des deux services et le contingent des communes constituera pour celles-ci une dépense obligatoire conformément à l'art. 136 de la la loi du 5 avril 1884.

Art. 26. — La présente loi est applicable à l'Algérie ainsi qu'aux colonies de la Guadeloupe et de la Réunion.

Pour atteindre le but cherché, pour soustraire les établissements charitables aux revendications des parents, deux moyens pouvaient être employés ; le législateur pouvait, ou bien autoriser entre les particuliers et les établissements charitables des contrats en vertu desquels les droits résultant de la puissance paternelle auraient été abdiqués en leur faveur, ou bien organiser un système de délégation de la puissance paternelle par autorité de justice. C'est ce dernier système qui a emporté son adhésion.

Le premier système, celui que nous pouvons appeler

le système des « contrats de dessaisissement de la puissance paternelle »,avait été admis par le projet voté par le Sénat (1). Ce projet attribuait aux père et mère qui se trouvaient dans l'impossibilité de remplir leurs devoirs de surveillance ou d'éducation la faculté de se dessaisir de leurs droits au profit d'un particulier,d'une association de bienfaisance ou d'un établissement d'assistance publique. Il donna lieu, au sein du Conseil d'Etat, à de telles difficultés qu'on dut y renoncer.

La puissance paternelle, disait-on, est inaliénable et hors du commerce. C'est une institution essentiellement d'ordre public et non un droit privé susceptible de transaction. Admettre une cession ou une abdication des droits de la puissance paternelle, ce serait contraire au principe fondamental de l'art. 6 de notre Code civil: « On ne peut déroger par des conventions particulières aux lois qui intéressent l'ordre public. » On était bien aussi en droit de se demander s'il était sage, si même il était prudent de dispenser les parents de leurs devoirs les plus naturels et les plus sacrés.

La puissance paternelle avait trouvé au Conseil d'Etat un défenseur ardent et convaincu dans la personne de M. Courcelle-Seneuil. Selon lui, l'art. 203 du Code civil s'oppose de la façon la plus formelle à la possibilité d'un dessaisissement volontaire. Cet article met

(1) LALLEMAND. — *Annuaire de législation française*, année 1889, p. 274.

à la charge des époux l'obligation commune de nourrir, entretenir et élever leurs enfants, de les développer au triple point de vue physique, intellectuel et moral ; il y a là pour eux une obligation civile dont ils ne sauraient s'affranchir ; de tels devoirs, inscrits dans la loi, dictés par la nature, ne sauraient faire l'objet d'aucun contrat. Le rapporteur émet aussi la crainte qu'une telle faculté ne donne naissance à des abus et ne mette à la charge des contribuables une foule d'enfants que les parents n'auront pas voulu élever ou auront cru ne pas pouvoir élever. « Un père de famille irait, dans un contrat au-
« torisé par la loi et approuvé par le magistrat, abdi-
« quer la plus grande partie de la puissance paternelle
« entre les mains d'un particulier et lui remettre son
« fils ou sa fille âgés de 14 ou 15 ans. Il pourrait aussi
« le remettre à une association charitable ou prétendue
« telle. Il pourrait enfin le remettre dès le premier âge
« à l'assistance publique. Ainsi, on a fermé les tours
« qui recevaient les enfants trouvés et on ouvrirait aux
« pères qui voudraient se décharger de leurs enfants
« toutes les portes de l'Assistance publique (1). »

Combien de parents sans scrupule, n'auraient-ils pas considéré l'assistance comme un pensionnat gratuit où placer un enfant gênant. Sans doute, le contrat devait être approuvé par le juge de paix qui devait ne le faire

(1) COURCELLE SENEUIL. — Rapport au Conseil d'Etat.

qu'en connaissance de cause. Mais comment constater d'une manière certaine l'impossibilité pour les parents d'élever leurs enfants ; cette constatation pouvait être difficile et trompeuse.

Ces critiques sont-elles sans réponse, ces craintes sont-elles bien fondées ?

Il est permis d'en douter. Il est bien vrai que le Code civil a établi la puissance paternelle comme un principe d'ordre public ; mais il ne faut pas abuser de cette idée ; nous ne devons pas oublier qu'au-dessus de l'intérêt du père, au-dessus de l'intérêt de la société, il y a aussi et avant tout l'intérêt de l'enfant ; que si la puissance paternelle est un ensemble de droits et de pouvoirs accordés par la loi aux père et mère sur la personne et sur les biens de leurs enfants, ces droits et ces pouvoirs ne leur sont accordés que pour leur permettre de remplir leur devoir de parents. Les droits sont subordonnés aux devoirs.

Burlamaqui dans ses « *Eléments de droit naturel* » donnait une notion des plus exactes de cette subordination en disant que le père est mis par la nature dans l'obligation de bien élever ses enfants pour les rendre utiles à leur pays et à la société et que son pouvoir doit être aussi étendu qu'il est nécessaire pour cette fin, et « pas davantage ».

Dans ces conditions, pourquoi des parents qui se reconnaissent eux-mêmes impuissants à élever convenablement leurs enfants et qui sont réellement dans l'impossibilité de le faire ne pourraient-ils pas s'adresser aux sociétés de bienfaisance alors qu'ils sont tout disposés à faire le sacrifice de leurs droits ?

La puissance paternelle n'est pas dans le commerce, criera-t-on! Mais croit-on que nous voulons voir autoriser de véritables contrats de vente consentis par les parents ? Loin de là notre pensée. Nous songeons seulement à la possibilité d'une renonciation partielle et temporaire aux droits de la puissance paternelle, renonciation intervenant uniquement à titre de garantie. Pour notre part, nous aurions vu avec faveur le maintien des contrats de dessaisissement, mais les parents n'auraient pu céder que les droits indispensables à l'éducation et à l'intérêt de l'enfant, le droit de garde, celui d'éducation et de mise en correction et enfin le droit de gestion exclusive du pécule de l'enfant ; le père reconnu non indigne aurait conservé les autres attributions, droit d'émancipation, droit de consentir au mariage et à l'engagement militaire, droit de jouissance sur les biens de l'enfant.

Le système eût été plus simple que celui du dessaisissement judiciaire, et dans des circonstances particulièrement pressantes on eût ainsi évité bien des lenteurs et bien des frais.

Une condition cependant eût dû être nécessairement exigée, à savoir que les parents fussent des malheureux dignes de toutes les pitiés et non des individus méprisables ou insouciants ; cette condition aurait peut-être soulevé dans la pratique de graves difficultés ; elle eût nécessité des enquêtes et chacun sait qu'elles sont d'autant plus longues que le besoin est plus pressant, mais, le principe étant posé, c'eût été à l'administration à faire preuve de zèle en aplanissant dans la mesure du possible les difficultés rencontrées. Elles ne sont pas aussi rares qu'on pourrait le croire, les familles d'ouvriers, travailleurs infatigables et honnêtes, qu'un fléau, une maladie réduisent à la dernière extrémité ; pour eux le délaissement des enfants s'impose comme une nécessité fatale parce qu'ils professent pour eux l'affection la plus tendre et qu'ils souffrent de les voir souffrir. Le placement temporaire de ces enfants préviendrait un inévitable abandon et les ferait échapper au sort misérable qui les attend.

L'article 203 dira-t-on encore fait un devoir au père et à la mère d'assurer l'éducation de leurs enfants. Mais c'est là de la théorie pure ; il est bien loin encore l'heureux moment où tout ce qui devrait être fait sera fait. Qui oserait contester qu'en fait, un nombre malheureusement trop considérable de parents ne s'occupent pas et ne peuvent pas s'occuper de leurs enfants qui vagabondent par les rues et contractent les plus mauvaises habitudes ? Pour ceux-là, la loi a-t-elle établi une sanction ? Parce que les parents ne font pas ce qu'ils devraient faire, la société va-t-elle s'associer à leur coupable négligence et se désintéresser d'enfants qui se trouvent dans une situation certainement plus périlleuse que des enfants matériellement abandonnés ou des orphelins ?

Si nous écoutons un des hommes qui ont pris une part des plus actives à la confection de la loi, on voit que ce dessaisissement n'est pas un fait nouveau, même en France. « Tous les jours, dit M. Brueyre, l'adminis-
« tration de l'Assistance publique à Paris en admettant
« à bureau ouvert à son hospice dépositaire tous les
« enfants qui lui sont présentés par les parents pour
« les placer au nombre des enfants assistés en prend la
« tutelle conformément aux lois des 15 pluvise an XIII et
« 10 janvier 1849 (1). »

Une pratique persistante à défaut d'une loi formelle autorisait donc de la part des parents des renonciations beaucoup plus graves ; l'existence des bureaux d'abandon n'entraînaite-lle pas des conséquences plus dangereuses encore que celles qu'aurait pu engendrer une cession volontaire, mais partielle et quelquefois de courte durée?

Enfin, ces contrats de dessaisissement fonctionnaient avec les meilleurs résultats aux Etats-Unis et en Angleterre. Des contrats étaient passés entre les parents et des associations d'assistance, par exemple le « New-York juvenile asylum » par lesquels les parents pouvaient sans difficulté confier leurs enfants aux soins de ces sociétés de patronage et se dessaisir au profit de celles-ci des pouvoirs qu'ils possédaient eux-mêmes.

Sans doute, nos mœurs sont bien différentes de celles

(1) BRUEYRE. — Rapport au Conseil supérieur de l'Assistance publique.

des Etats de la nouvelle Angleterre; la puissance paternelle n'y repose pas sur les antiques assises du droit romain et peut faire l'objet de restrictions autorisées par la loi elle-même; mais, nous ne devons pas oublier que c'est l'intérêt de l'enfant qui est la base de la puissance paternelle et nous ne croyons pas être téméraire en disant qu'on devrait tout sacrifier à cet intérêt.

Cependant, quelles que soient les raisons qui puissent militer en faveur de leur admission, ces contrats de dessaisissement n'ont pas été admis. La loi définitivement votée repousse l'idée de renonciation volontaire pour n'admettre qu'une sorte de « dessaisissement judiciaire ».

Nous aurons à voir :

1° Dans quels cas le dessaissisement peut être opéré;

2° Quelle en est la procédure;

3° Quels en sont les effets;

4° A quelles conditions il peut être révoqué.

Des cas de dessaisissement

Le dessaisissement judiciaire est possible dans deux cas:

1° Avec intervention des parents;

2° Sans leur intervention.

I. — La première hypothèse, celle du dessaisissement opéré avec l'intervention des parents, est prévue par l'art. 17.

C'est par voie judiciaire que désormais le désaisissement de la puissance paternelle pourra être effectué. Ce système de délégation par autorité de justice ne fait pas disparaître complètement l'idée de contrat. En effet, il y a un véritable contrat de dessaisissement, un accord de volontés persistant, et l'art. 17 lui-même, nous le fait bien sentir en disant que le tribunal « statue à la requête des parties intéressées agissant conjointement.

1° Qui peut consentir une cession judiciaire.

Ceux-là seuls qui sont investis de la puissance paternelle peuvent consentir une cession judiciaire.

Cela se conçoit aisément et ne saurait faire de difficultés. Par application de ce principe, nous déciderons que, pourront demander la délégation des droits de la puissance paternelle les ascendants du premier degré, le père et à son défaut la mère.

On a pu soutenir qu'à défaut de père et mère, le droi de consentir une cession judiciaire appartiendrait également aux ascendants plus éloignés. Nous ne le croyons pas. Il semble bien résulter en effet des termes de l'article 17 que, à défaut du père et de la mère, le tuteur a seul qualité pour faire une cession judiciaire. Nous ne pensons pas que la différence de rédaction entre l'article 1er de la loi où il est parlé des « père, mère et ascendants », et l'art. 17 où le législateur ne mentionne plus que le père, la mère ou le tuteur, soit l'effet du hasard ou d'une inattention. On pourra nous objecter, il est vrai que l'art. 2 ne parle plus que des « père et mère », mais nous répondrons que le législateur a posé dans l'art. 1er, le principe général et que dans la suite il a pu juger inutile de répéter les « père, mère, et ascendants ».

Nous irons même jusqu'à soutenir que les ascendants ne pourraient pas céder le droit que l'art. 150 du Code civil leur accorde de consentir au mariage de leurs descendants, en l'absence des père et mère (1).

Ce droit, appartiendrait aux parents naturels comme aux parents légitimes parce que, bien que le Code ne semble s'être préoccupé de la puissance paternelle que dans l'hypothèse du mariage, il n'y a cependant aucun doute à concevoir sur l'existence de la puissance paternelle au profit des parents naturels, à la condition toutefois que la qualité de ces parents naturels soit légalement reconnue. La nature a mis au cœur des parents naturels comme des parents légitimes, même affection et même tendresse, pourquoi la loi ne leur reconnaîtrait-elle pas les mêmes droits et les mêmes devoirs ?

A défaut de parents légitimes ou naturels, le tuteur avec l'autorisation du conseil de famille, pourra consentir en justice, l'abandon des droits de la puissance paternelle.

2° *Au profit de qui peut-on consentir une cession judiciaire ?*

L'art. 17 nous parle des « administrations d'assistance publique, des associations de bienfaisance régulièrement autorisées à cet effet, des particuliers jouissant de leurs droits civils ».

(1) LELOIR. — *Code de la puissance paternelle*, t. II. p. 28.

— Dans le programme de la commission de la chancellerie, il semblait que l'on voulût donner à la charité privée et à elle seule des droits nouveaux. Mais la troisième sous-commission fit remarquer que les administrations d'assistance publique devaient être traitées sur ce point de la même manière et être mises sur le même pied d'égalité que les particuliers ou les associations charitables ; et, par administrations d'assistance publique, on doit entendre les hospices, les bureaux de bienfaisance ; et, d'une façon générale, les établissements placés sous la surveillance directe de l'autorité publique, et avant tout, les services d'enfants assistés.

— Quant aux associations de bienfaisance qui veulent être partie à un contrat de dessaisissement et se faire déléguer les droits de la puissance paternelle, elles doivent être autorisées à cet effet.

Lors des travaux préparatoires, cette nécessité d'une autorisation spéciale fit, au sein du Sénat, l'objet de critiques et de réclamations qui trouvèrent leur principal interprète dans la personne de M. de Gavardie.

L'illustre sénateur eût voulu voir admettre des établissements privés non autorisés, au même titre que les établissements privés autorisés, à l'exercice des droits conférés par la loi nouvelle ; il argumentait de ce fait qu'en matière de charité, l'initiative privée seule peut arriver à des résultats pratiques et il estimait qu'il y aurait un très grand danger à laisser la prééminence à l'assistance et à la charité légale, convaincu qu'il était nécessaire et urgent d'assurer le libre concours de l'initiative privée.

M. Théophile Roussel dans son remarquable rapport répondit qu' « il suffit de considérer dans quelles con-
« ditions et à quelles catégories d'enfants doit s'appli-
« quer plus particulièrement la loi nouvelle pour
« reconnaître que le pouvoir public ne peut pas délé-
« guer l'exercice de pareils droits qui sont les droits
« mêmes de la puissance paternelle sans prendre cer-
« taines garanties, et lorsqu'il s'agira de déléguer ces
« droits à un orphelinat ou autre établissement de cha-
« rité, la première garantie à réclamer, est sans contre-
« dit, que cet établissement ne tienne pas ses portes
« fermées à l'autorité publique et ne refuse pas de
« faire connaître ses règlements (1). »

Avec le système préconisé par M. de Gavardie, il serait à craindre en effet de voir se commettre les plus graves abus, car une aussi large latitude laissée à la charité eût été de nature à tenter bien des esprits plus soucieux de spéculation que de charité véritable. Il est du devoir et de l'intérêt de l'Etat de ne pas se désintéresser de l'éducation de l'enfance, et en exigeant des associations privées de bienfaisance une autorisation spéciale pour se faire déléguer l'exercice des droits de la puissance paternelle, l'autorité publique fait preuve d'une sage prévoyance.

(1) Sénat-Débats, séance du 19 mai 1883.

Seulement, nous pensons qu'il ne s'agit ici que d'un autorisation spéciale à l'effet de recueillir des pupilles, d'une autorisation donnée une fois pour toutes ; la nécessité d'une auto risation « ad hoc », spéciale à tel ou tel cas déterminé pourrait dans certaines circonstances et pour des cas particuliers entraîner des lenteurs et apporter une entrave sérieuse à la mission charitable de ces établissements ; on est en droit de se demander si comme nous le pensons, la subordination de la cession à une décision de justice, n'aurait pas constitué une garantie suffisante.

En ce qui concerne les particuliers, ceux qui voudront se faire consentir une cession judiciaire devront, aux termes de l'article 17, jouir de leurs droits civils.

Comment des personnes qui ne peuvent ni enseigner ni recevoir des apprentis, pouraient-elles être admises au bénéfice d'une dispositon de loi dont le principal effet est d'attribuer l'exercice des droits de la puissance paternelle?

Le droit pour les particuliers d'être investis de la tutelle créée par l'art 17, n'a pas été d'ailleurs sans soulever quelques difficultés au sein du Conseil supérieur de l'Assistance publique ; on craignait en effet que le rôle de surveillance confié à l'Etat ne pût être exercé que dans des conditions particulièrement difficiles, et, si en définitive les particuliers ont été admis, c'est parce qu'on fit observer que s'ils abusaient de leurs droits, l'art 23 actuel de la loi fournirait un moyen facile de les atteindre.

Le préfet peut toujours, en effet, comme nous le verrons

par la suite, demander et obtenir que, dans l'intérêt de l'enfant, le particulier ou l'association soit dessaisi de tout droit sur celui-ci qui sera alors confié à l'Assistance publique.

II. — L'article 19 prévoit notre deuxième hypothèse, celle où l'enfant a été abandonné par ses parents et recueilli sans leur intervention.

En vertu de cet article, les enfants qui cessent d'être soumis d'une manière efficace à la puissance paternelle tombent de plein droit sous la protection de l'Etat. En conséquence, celui-ci doit être informé dès qu'un enfant a été recueilli par un établissement privé ou un particulier sans l'intervention des parents. De là les formalités imposées par l'article 19. Une déclaration doit être faite dans les trois jours au maire de la commune sur le territoire de laquelle l'enfant a été recueilli et à Paris au commissaire de police. La sanction de cette obligation est une simple amende de cinq francs à quinze francs, mais, en cas de récidive dans un délai de douze mois, les contrevenants peuvent encourir la peine de l'emprisonnement pour une durée de cinq jours (art. 479, 482, 483 du Code pénal). Le maire et le commissaire de police sont tenus dans un délai de quinzaine de transmettre cette déclaration au préfet, et, dans le département de la Seine au préfet de police. Le préfet, à son tour, dans un nouveau délai de quinzaine, est tenu de notifier cette déclaration aux parents et, si ceux-ci sont inconnus, de faire les recherches nécessaires pour les découvrir.

L'exigence de la loi sur ce point se justifie facilement par des motifs à la fois d'ordre public et de morale. Il était de toute nécessité de ne pas autoriser de la part d'établissements privés une main-mise sur des enfants sans que leurs parents en soient au moins avertis ; il fallait bien empêcher les manœuvres clandestines qui, sous prétexte de charité, auraient pu cacher les plus basses et les plus honteuses spéculations. Peut-être aussi ces parents ont-ils chassé leur enfant dans un moment de découragement et peut-être aussi seraient-ils tout disposés à le reprendre.

Retirer un enfant à ses parents est un acte grave et la loi devait exiger que ceux-ci aient consenti au moins tacitement à se voir dépouiller de tout droit et de toute autorité sur leurs enfants. Si, dans les trois mois de la déclaration les parents n'ont pas réclamé leur enfant, soit qu'ils aient disparu, soit qu'ils se désintéressent de lui et acquiescent à son placement, ceux qui l'ont recueilli peuvent, dans l'intérêt de tous et surtout de l'enfant dont la situation doit être réglée d'une manière définitive, adresser une requête au président du tribunal pour que l'exercice de tout ou partie des droits de la puissance paternelle leur soit confié (art. 20).

A quels enfants s'appliquent les art. 19 et 20 ? A tous les mineurs de seize ans recueillis sans l'intervention de leurs parents, qu'ils soient matériellement ou seulement moralement abandonnés.

Seulement, devait-on étendre cette protection à tous

les mineurs, ou bien au contraire devait-on la refuser aux enfants de 16 à 21 ans ?

Dans le projet de loi soumis au Sénat le 21 janvier 1881 par M. Théophile Roussel et plusieurs de ses collègues, il n'était fait aucune distinction entre les mineurs ; la loi parlait d'eux dans les termes les plus généraux ; dans le texte définitif, il n'est plus question que des mineurs de 16 ans ; le législateur a donc voulu refuser la protection de la loi aux mineurs ayant dépassé cet âge, ayant seize ans révolus au moment où ils sont confiés ou recueillis. L'âge de seize ans, en effet, joue en matière pénale un rôle considérable ; c'est à cet âge que l'enfant devient responsable de ses délits et de ses crimes, et on ne pouvait certainement pas songer à recueillir des jeunes gens de 20 ans, par cela seul que leurs parents ne veulent pas ou ne peuvent pas s'occuper d'eux ; à un âge aussi avancé, l'éducation n'est plus à faire et nous savons que c'est là le seul but des établissements charitables qui consacrent tout leur dévouement à l'enfance.

Procédure du dessaisissement.

La procédure mise en œuvre pour arriver au jugement prononçant le dessaisissement est très simple. L'établissement qui a recueilli l'enfant ou auquel il a été confié et les parents de celui-ci présentent conjointement une requête signée au tribunal. Dans cette requête les parents déclarent consentir à l'attribution à l'établissement de tels droits de la puissance paternelle qu'ils énumèrent. La requête est visée pour timbre et enregistrée gratis. Les parents ou tuteurs sont appelés en présence des particuliers ou des représentants réguliers de l'administration ou de l'établissement gardien de l'enfant. Le tribunal examine l'affaire en chambre du conseil, le ministère public entendu. Le jugement est prononcé en audience publique. Dans le cas où il ne confère au requérant qu'une partie des droits de la puissance paternelle, il déclare par le même jugement que les autres, ainsi que la puissance paternelle sont dévolus à l'assistance publique.

Effets du jugement.

Les raisons qui ont amené des parents à céder tout ou partie de leurs droits sur leurs enfants ou à laisser par leur silence attribuer ces mêmes droits à d'autres peuvent n'être souvent que la misère ou la maladie. Aussi doit-on bien se garder d'assimiler ces malheureux aux parents indignes déchus en vertu du titre I. La déchéance, en effet, porte sur tous les droits qui, d'une façon quelconque, se rattachent à la puissance paternelle. Les parents qui nous occupent peuvent, au contraire, dans leur requête se réserver tels droits de la puissance paternelle que bon leur semble. Il est vrai que pour les enfants recueillis sans l'intervention de leurs parents, quand ceux-ci par une négligence coupable ou une abstention voulue n'ont pas réclamé leur enfant dans le délai de trois mois que la loi leur accorde à cet effet, le tribunal peut, à la requête de ceux qui l'ont recueilli, leur confier l'exercice de tout ou partie des droits de la puissance paternelle. S'il ne confère au requérant qu'une partie de ces droits, les autres, ainsi que la puissance paternelle sont dévolus à l'assistance publique. Il y a donc sur ce deuxième point une grande analogie avec la déchéance. Cependant on pourrait signaler entre les deux hypothèses une différence importante ; dans les deux cas, il faudra un jugement ; mais dans le cas de déchéance l'action en restitution de la puissance paternelle ne peut être introduite que trois ans après le jour où le jugement qui a prononcé la déchéance est devenu irrévocable ; il n'y a rien de pareil dans notre hypothèse. En second lieu, la déchéance est absolue ; elle s'applique aux enfants nés et à naître et ne s'applique pas seulement à l'enfant qui a donné lieu à l'action en déchéance ; au contraire, dans l'hypothèse qui nous occupe, les parents eussent-ils abandonné leur puissance paternelle tout entière sur un enfant, conservent leurs droits sur leurs autres enfants nés ou à naître.

Le tribunal ne dessaisit donc pas nécessairement les parents de la totalité de leurs droits ; il peut, sur leur demande, leur en réserver quelques-uns ; toutefois, l'art. 17 in fine apporte une restriction quant au droit d'autorisation au mariage, en décidant que, en cas de refus par les parents, l'Assistance publique peut faire citer ceux-ci devant le tribunal qui donne ou refuse le consentement, les parents entendus ou dûment appelés dans la chambre du conseil (1). Le législateur a pu craindre, en effet, que les parents n'exercent leur autorité d'une façon abusive ou même que leur refus ne soit dicté que par un honteux calcul et l'espérance de se faire payer leur consentement.

Si nous nous demandons maintenant à qui seront dévolus les droits retirés aux parents, nous constaterons qu'il existe sur ce point une importante différence de rédaction entre l'art. 17 du projet définitif et l'ancien art. 18 du projet du Conseil supérieur de l'Assistance publique qui prévoyait lui aussi le cas de cession judiciaire. Dans l'art. 18, § I du projet du Conseil supérieur de l'Assistance publique, il était bien parlé du droit pour l'établissement ou le particulier gardien de l'enfant d'obtenir du tribunal l'attribution de l'exercice d'une partie des droits de tutelle, mais il n'était nullement question de déléguer à l'Assistance publique les droits de puissance paternelle abandonnés par les parents. Dans le silence de la loi, on devait donc décider que l'exercice du droit était seul transféré au particulier ou à l'établissement et que le droit lui-même continuait à appartenir aux parents.

Le projet définitif a inauguré un système tout nouveau ; l'autorité dont les parents sont dessaisis est

(1) CHARMONT. — *Revue critique*, année 1891. p. 528.

attribuée à l'Assistance publique et c'est seulement l'exercice de cette autorité qui est confié à l'établissement qui a recueilli l'enfant ; il y a là pour l'Assistance publique une pure faculté dont elle peut user à son gré.

Il y a là comme un moyen terme entre l'idée que la puissance paternelle est d'ordre public, inaliénable et incessible et ce fait, qu'au-dessus de l'intérêt du père et de la société, il y a avant tout l'intérêt de l'enfant. On n'a pas voulu que les droits du père pussent être absolument transférés à une autre personne, et, pour empêcher cette sorte d'aliénation, on a réservé le droit supérieur de l'Etat ; la protection de l'enfant est assurée par ce seul fait qu'il est confié à quelqu'un qui en est digne, et d'autre part, on sauve les apparences en déléguant l'autorité paternelle à l'Etat.

La distinction des droits et de leur exercice n'est pas sans intérêt pratique. D'abord, comme nous venons de le voir, si les parents refusent leur consentement au mariage, c'est à l'Assistance publique qu'il appartiendra de requérir ce consentement du tribunal (art. 17, 2°) ; d'autre part, c'est en raison de la puissance paternelle qui lui est dévolue que l'Assistance publique exerce un contrôle et une surveillance sur ceux qui ont recueilli l'enfant (art. 22) ; enfin, c'est toujours par application de la même idée que l'article 23 donne au préfet représentant l'Etat, le droit de demander au tribunal que les particuliers ou l'établissement qui ont recueilli l'enfant soient dessaisis de tout droit sur celui-ci qui sera recueilli par l'Assistance publique. (1)

Révocation du dessaisissement.

Si le père qui a encouru la déchéance peut se faire restituer les droits dont il a été dépouillé, à plus forte raison, la loi devait-elle reconnaître ce droit aux parents qui sont dessaisis en vertu des art. 17 et 19. En effet, comme nous avons eu déjà l'occasion de le faire remarquer, les raisons qui ont amené les parents à se laisser dépouiller de tout ou partie des droits que la loi leur accorde sur leurs enfants sont fort souvent des raisons susceptibles de disparaître, misère momentanée, maladie ou infirmité.

Il était donc de toute nécessité de donner à ces parents le moyen de se faire restituer leurs droits pour le moment où, revenus à des jours meilleurs, ils voudraient rentrer en possession de ces droits. C'est l'objet de l'article 21.

Mais la restitution de l'autorité en faveur des parents, ne peut avoir lieu que par une décision de justice. Le tribunal compétent est celui de la résidence de l'enfant, c'est-à-dire celui du gardien qui l'a recueilli. Après s'être entouré de tous les renseignements propres à l'éclairer, le tribunal procède à l'examen de l'affaire en

(1) MELIN. — *Thèse*, Nancy, 1889, p. 185.

chambre du conseil, le ministère entendu. Le jugement est prononcé en audience publique. Trois partis différents s'offrent à la décision du tribunal :

Il peut tout d'abord maintenir le *statu quo* en décidant qu'il n'y a pas lieu de retirer l'enfant des mains de ceux qui l'ont recueilli et en déboutant les parents de leur demande.

Il peut aussi, et c'est une solution qui mérite de fixer quelque peu l'attention, prononcer, sur la réquisition du ministère public la déchéance de la puissance paternelle. Il semble tout naturel de voir dans cette hypothèse un cas nouveau de déchéance, un cas à ajouter à ceux déjà énumérés au titre I de la loi, mais nous croyons cependant que ce serait là une erreur. On conçoit que si l'enquête faite pour éclairer la décision des juges dévoile à leurs yeux l'indignité des parents, les calculs honteux auxquels ils ont obéi en réclamant leur enfant, le tribunal puisse, à la requête du ministère public, prononcer la déchéance, mais il ne le pourra, croyons-nous, que si ces parents se trouvent dans une des hypothèses visées par les art. 1 et 2 de la loi et nous ajouterons que le paragraphe 6 de l'art. 2 avec sa généralité voulue facilitera aux juges le moyen de motiver leur décision.

Le tribunal peut enfin décider qu'il y a lieu de rendre l'enfant aux père, mère ou tuteur qui reprennent alors tous leurs droits sur lui.

Dans ce cas, le tribunal fixe l'indemnité due à celui

qui a eu la charge de l'enfant ou déclare qu'à raison de l'indigence des parents il ne sera alloué aucune indemnité.

Cette dernière disposition ne figurait pas dans le projet primitif du gouvernement.

C'est au cours des travaux préparatoires et à la demande de M. Cheysson, membre du conseil supérieur de l'Assistance publique qu'elle a été ajoutée. « Le texte initial « dit M. Gerville Réache, ne comportait pas cette der- « nière disposition, mais, le conseil supérieur de l'As- « sistance publique a fait remarquer que dans bien des « circonstances les parents ne seront pas à même de « payer une indemnité et que, s'il n'était pas apporté « un tempérament à la règle édictée, l'action en remise « serait souvent paralysée. Nous avons reconnu le mé- « rite de l'observation, et nous proposons de faire flé- « chir les intérêts de l'association ou du particulier, « cependant bien légitimes, devant l'intérêt primordial « qui est la raison d'être du projet, qui en a inspiré « toutes les dispositions, l'intérêt de l'enfant (1). »

(1) GERVILLE RÉACHE. — Rapport à la Chambre des députés. *Journal officiel, Annexes*, 1889.

TROISIÈME PARTIE

De l'éducation des pupilles recueillis en vertu du titre II

Après avoir montré comment la loi avait autorisé des parents malheureux à se dessaisir au profit d'associations privées ou de particuliers des droits à eux conférés par la nature et par la loi, après avoir constaté par quels besoins impérieux était réclamée une loi investissant ces œuvres de charité d'une arme légale pour s'opposer aux revendications des parents, nous nous proposons dans cette troisième partie de notre étude d'examiner comment sont élevés ces enfants recueillis ou comment ils devraient l'être, et quel doit être le rôle de l'Etat participant à leur éducation.

Nous aurons à montrer suivant quelle méthode la société substituera son action et sa surveillance à celles qu'on aura déclarées insuffisantes, ou que les parents se seront reconnus eux-mêmes incapables d'exercer. Enfin, nous rechercherons comment on peut justifier cette intervention de l'Etat, cette immixtion des pouvoirs publics dans des rapports d'ordre essentiellement intime.

SECTION I

DES DIFFÉRENTS MODES DE PLACEMENT

Il ne suffisait pas de recueillir et d'abriter cette multitude d'efants délaissés, pépinière des jeunes détenus et des jeunes criminels ; le rôle de la charité publique ou privée devait être plus noble encore ; il fallait faire de ces épaves sociales de bons citoyens utiles à leur pays, d'honnêtes travailleurs susceptibles de devenir chefs de famille et, pour atteindre ce but, il fallait mettre en œuvre les moyens les plus efficaces, il fallait élever ces enfants c'est-à-dire former non seulement leur corps, mais aussi leur cœur et leur esprit.

Ce sera un des titres de gloire du législateur de 1889 d'avoir su donner à ces petits malheureux tout à la fois un tuteur et une famille.

Le problème à résoudre était en effet de trouver un mode d'éducation approprié aux tendances de l'enfant, et, d'une façon générale, de substituer l'éducation à la répression.

Nous avons déjà fait pressentir les inconvénients graves que présentait pour les enfants l'envoi en correction ; nous avons indiqué sommairement quels périls et quels déboires les attendaient dans la vie ; nous croyons inutile désormais d'insister outre mesure sur un fait qui ne peut faire de doute pour personne, l'iniquité et le danger du séjour dans les prisons communes d'enfants tout jeunes encore, souvent coupables des fautes les plus légères imputables moins à eux-mêmes qu'à la misère ou à la corruption de leurs parents ; comme le dit M. Guillot : « la prison n'est pas faite pour l'enfant, elle l'irrite, le dégrade et consomme sa perte (1). »

Nous ne voulons pas rechercher si l'emprisonnement en commun devrait être remplacé par un autre mode de correction et notamment nous ne voulons pas ici soulever la grosse question du régime cellulaire qui pour des enfants nous paraît en tous points condamnable ; nous voulons seulement montrer combien il serait urgent de secourir à temps une multitude d'enfants vagabonds qui sans appui et sans soutien subiront fatale-

(1) GUILLOT. — *Les prisons de Paris et les prisonniers.*

ment l'influence néfaste des prisons où ils n'auraient jamais dû entrer.

L'éducation, mais une éducation éclairée, affectueuse mais énergique, voilà le vrai moyen d'action.

Avant d'aborder l'étude des moyens qui ont été imaginés tant à l'étranger qu'en France pour arriver à ce résultat, nous devons nous demander si, dans une certaine mesure la loi du 5 août 1850 sur l'éducation et le patronage des jeunes détenus, malgré ses lacunes et ses imperfections, ne constituait pas déjà un notable progrès et n'était pas de nature à faire entrer dans la voie salutaire de l'éducation substituée à la répression.

Entre autres réformes très heureuses, notamment la séparation dans les prisons des jeunes détenus d'avec les condamnés adultes, la loi de 1850 consacrait un principe nouveau en droit, sinon en fait, celui de la libération provisoire accordée à tout enfant vraiment digne d'intérêt, de telle sorte que cet enfant soit confié dès avant son entrée dans une maison de correction aux bons soins d'une société de patronage.

En fait, depuis quelque temps déjà, la libération provisoire était utilisée pour les jeunes détenus dont la conduite exemplaire méritait une récompense. Ils étaient alors placés à la campagne chez des particuliers ou, mais rarement rendus à leur famille, sauf à se voir immédiatement privés du bénéfice de leur mise en liberté si leur conduite ne justifiait pas par la suite la confiance qu'ils avaient d'abord inspirée. Il y avait là une pratique qui ne méritait que des louanges et des encouragements

On voulut aller plus loin encore ; on songea, pour les enfants dont la conduite antérieure ne semblait révéler aucune disposition vicieuse, à la mise en liberté avant toute incarcération.

C'est ainsi que, nous disait M. Théophile Roussel, « un grand nombre d'enfants jetés aux mains de la jus- « tice répressive par la faute de leurs parents ont pu, « dès le lendemain de leur chute, trouver des bras « ouverts pour les recevoir dans une famille nouvelle « avec de bons exemples et l'apprentissage d'un mé- « tier (1). »

C'eût été là pour les enfants détenus un bienfait immense. Malheureusement cette disposition bienfaisante n'a pas su être appliquée d'une façon suffisamment large ; elle rencontrait dans la pratique de graves difficultés et trouvait souvent dans l'exercice de la puissance paternelle un obstacle insurmontable. Rien ne pouvait empêcher les parents peu scrupuleux de se prévaloir de leurs droits et d'apporter des entraves aux mesures prises par l'administration pour le relèvement physique et moral du jeune condamné.

Cependant, ce procédé d'amendement, plus largement appliqué, était de nature à rendre les services les

(1) THÉOPHILE ROUSSEL. — Rapport au Congrès pénitentiaire international de St-Pétersbourg en 1890.

plus signalés. Il aurait facilité singulièrement la tâche des magistrats en leur donnant le moyen d'éviter l'une ou l'autre des deux solutions qui s'imposaient à eux, l'envoi en correction ou la remise de l'enfant à des parents qui, bien loin d'être pour lui d'heureux conseillers, achèveraient plus rapidement et plus sûrement encore sa corruption. Il aurait permis également de soustraire un grand nombre d'enfants aux dangers qui les attendent dans les colonies pénitentiaires où ils se corrompront d'autant plus facilement qu'ils seront plus jeunes et plus innocents.

Quels que soient cependant les regrets que l'on puisse éprouver en présence d'une telle situation, il ne faut pas oublier que l'enfant dont il est ici question est un enfant déjà délinquant. A bien des égards, il est digne de toutes les pitiés mais c'est un enfant qui est déjà tombé, un enfant qui déjà a fait connaissance avec la justice.

Mais l'enfant dont nous voulons nous occuper principalement est celui qui n'a encore commis aucun délit, mais qu'il faut recueillir sans retard, sous peine de le voir tomber infailliblement. C'est pour ces enfants qui se comptent par milliers à Paris, et en général dans toutes les grandes villes, que la question de l'éducation préventive se pose tout particulièrement, c'est pour eux, qu'elle est d'une importance capitale.

Cette idée fondamentale avait été parfaitement saisie par les services publics de protection de l'enfance, par les nombreuses associations de bienfaisance ou sociétés privées qui se sont occupées de la protection des petits délaissés.

Lorsque, en 1881, dans le seul but de réparer une injustice et une énormité sociale, l'Assistance publique créa le service des moralement abandonnés, le problème de l'éducation de ces enfants se posa. Il fallait élever ces enfants, il fallait aussi pourvoir à leur établissement, leur faire apprendre un métier qui les mît en mesure de gagner honnêtement leur vie.

La France avait alors sous les yeux les résultats satisfaisants obtenus à l'étranger, en Angleterre et aux Etat-Unis, par la création d'établissements qui ne sont pas l'école, et qui ne sont pas la prison. Nous voulons parler des « écoles industrielles » où les jeunes malheureux reçoivent une éducation tout à la fois primaire et professionnelle qui leur ferait totalement défaut et qui, presque toujours, préviendra leur chute et leur entrée en prison.

L'école industrielle ne reçoit que l'enfant qui n'est pas encore délinquant ; pour ceux qui sont pervertis, pour ceux qui ont déjà traversé la prison, on a créé les « écoles de réforme » à l'imitation du progrès que nous avions déjà réalisé par la loi du 5 août 1850.

L'école industrielle créée en Angleterre par l'act du 10 août 1866 est une sorte d'internat où les enfants sont détenus et soumis à une autorité à laquelle ils doivent obéissance sous le contrôle de l'autorité du « magistrat » qui doit intervenir dans toute détention.

Les administrateurs de l'école, ont toute liberté pour assurer l'éducation de l'enfant, soit qu'ils lui permettent de loger chez ses parents ou chez une personne respectable voulant bien prendre soin de lui, soit qu'ils le mettent en apprentissage au dehors.

Ces établissements sont sous la surveillance de l'Etat, représenté par l' « l'inspecteur des écoles de réforme et des écoles industrielles ». Le gouvernement anglais n'en fonde aucun ; mais il accorde toutes facilités à la bienfaisance publique et alloue des sommes souvent considérables aux personnes qui, voulant en fonder, acceptent les conditions. L'établissement est dit alors « école industrielle certifiée ».

Quelles que soient les critiques dont ces établissements peuvent être l'objet, on ne peut méconnaître que leur création a produit d'heureux résultats, que le but pour lequel elles avaient été créées a été en partie atteint puisque les « Arabes des rues » sont aujourd'hui beaucoup moins nombreux sur le pavé de Londres.

Il semblait donc tout indiqué en 1881 d'appliquer au nouveau service des moralement abandonnés le système des écoles industrielles.

Cette opinion a trouvé des partisans convaincus, natamment dans la personne de MM. le pasteur Robin et d'Haussonville. Le premier, dans un rapport substantiel présenté à la Société générale des prisons en 1878, s'est attaché à démontrer que la création en France d'écoles semblables rendrait les plus grands services. « Les leçons de l'école, dit-il, combinées avec celles de « l'apprentissage du métier, voilà, messieurs, l'ensei- « gnement qu'il nous faut, pour préserver ces enfants « de la démoralisation et du vice. L'école primaire et « professionnelle, voilà l'établissement qui nous est « nécessaire..... Cet établissement, avec son double « caractère scolaire et professionnel à la fois, c'est « l'école industrielle que nous avons vue en Angleterre « et en Amérique (1). »

Cependant, lorsque le service des moralement abandonnés fut créé, on l'organisa d'une façon différente. La création d'écoles industrielles non seulement aurait entraîné des dépenses considérables, dépenses d'entretien, de maîtres, de personnel, mais aurait eu encore le grave inconvénient d'habituer l'enfant à une vie tranquille, de lui faire croire que « pour jouir d'un loge- « ment salubre, de vêtements chauds, d'une nourriture « réconfortante, il n'a qu'à se laisser vivre, tandis que « plus tard, il apprendra à ses dépens que ce sont des « biens qu'on n'acquiert que par le travail, l'ordre et « l'économie (2). »

(1) Société générale des prisons. Séance du 3 juillet 1878. *Revue pénitentiaire*. A. 1878.

(2) BRUEYRE. — Education des enfants assistés et moralement abandonnés en France. *Revue pénitentiaire*. A. 1890.

M. Charles Lucas, dans un remarquable rapport à l'Académie des sciences morales et politiques, s'est élevé également contre l'introduction en France d'écoles de ce genre. Il considérait que ces écoles dériveraient rapidement en des espèces d'orphelinats où la population ouvrière demanderait à faire élever gratuitement ses enfants, de telle sorte que ces établissements se fussent trouvés bien vite encombrés d'une foule disparate d'enfants de toutes catégories ; les orphelins ou les enfants abandonnés s'y seraient coudoyés avec des pupilles au caractère vicieux ou indiscipliné au grand désavantage des premiers.

En France, la tâche si lourde de l'éducation des jeunes pupilles semblait singulièrement simplifiée par l'existence de notre service d'enfants assistés, supérieur à tous ceux qui sont pratiqués à l'étranger, et que, peu à peu, les autres nations nous empruntent. Ce service si simple et si naturel, si conforme à la nature des choses, puisqu'il a pour but et pour résultat de donner à l'enfant trouvé, abandonné ou orphelin, un tuteur et une famille, semblait tout naturellement indiqué pour la catégorie nouvelle des enfants moralement abandonnés.

Si l'enfant est tout jeune encore, s'il n'a pas atteint sa dixième année, l'administration l'envoie à la campagne chez des cultivateurs, où il trouve presque toujours les soins les plus éclairés et l'affection la plus tendre. Sans doute il y aura toujours des exceptions à cette règle et nous avons pu constater par nous-mêmes que certains paysans, d'esprit étroit et de cœur endurci, traitaient les malheureux enfants qui leur étaient confiés par l'Assistance publique comme des êtres dignes de mépris, indignes de sollicitude et d'affection. Heureusement, c'est là un fait assez rare ; il appartiendrait dans des circonstances de ce genre aux inspecteurs départementaux de faire comprendre à des êtres d'intelligence aussi bornée que l'enfant assisté mérite d'autant plus de bienveillance et de tendresse qu'il est plus isolé sur la terre et qu'il n'est en aucune façon responsable de la bassesse ou de la prostitution de ses parents.

En règle générale, hâtons-nous de le dire, l'enfant confié trouve dans ses nourriciers un profond attachement et il n'est pas rare de voir l'enfant lui-même refuser de quitter ceux qui l'ont élevé et auxquels il voue une reconnaissance illimitée.

Si l'enfant recueilli est déjà élevé, s'il a atteint ou dépassé sa onzième année, on le destine à un métier industriel.

Si l'enfant fait preuve d'aptitudes spéciales, d'un goût particulier pour les champs et pour la campagne, on le place dans l'agriculture ; mais ces cas sont rares ; le plus souvent l'administration ne peut songer aux placements agricoles ordinaires qui constituent pour les enfants jeunes encore la meilleure protection, mais qui appliqués à des enfants déjà âgés, habitués à la liberté et aux plaisirs malsains des grandes villes, seraient de nature à donner naissance à bien des déboires ; l'enfant à l'humeur vagabonde, le gamin de Paris, par exemple, n'aurait pas tardé à s'échapper pour retourner au milieu de ses camarades d'oisiveté et de débauche. C'est là une des différences essentielles qui séparent le service des Enfants assistés du nouveau service des « moralement abandonnés » ; c'était là aussi un des graves torts de la loi du 5 août 1850 de ne prescrire pour les jeunes détenus acquittés en vertu de l'art. 66 comme ayant agi sans discernement et conduits dans une école pénitentiaire que les travaux de l'agriculture et les industries qui s'y rattachent.

Si, passant des enfants assistés et des moralement abandonnés du département de la Seine, aux enfants moralement abandonnés en général, nous recherchons quelle est la meilleure méthode d'éducation qui puisse leur être appliquée, nous reconnaissons bien vite qu'il y aurait lieu de faire parmi eux quelques distinctions.

Lorsque, en vertu des art. 17 et 20 de la loi du 24 juillet 1889, à la requête des parents ou même sans leur intervention, le tribunal délègue à l'Assistance publique les droits de la puissance paternelle dont les parents sont dessaisis et notamment les droits de garde, d'éducation et de correction, l'administration est libre, à son tour, de déléguer l'exercice de ces droits à tel particulier ou à tel établissement que bon lui semble.

Le plus souvent, en effet, l'administration ne se

charge pas elle-même du soin d'élever ces enfants ; elle les confie à des particuliers ou à des associations qui les reçoivent moyennant salaire. En fait, l'Assistance publique laisse l'enfant au particulier ou à l'établissement qui l'a recueilli ou auquel il a été confié par ses parents.

C'est ici que la question se pose de savoir si le même placement convient également aux uns et aux autres et s'il n'y aurait pas lieu, par exemple, pour quelques-uns d'interdire formellement l'entrée dans une famille.

§ I. — Du placement familial.

Parmi les enfants délaissés, il en est qui doivent être un objet de sollicitude constante et de travail incessant ; ce sont ceux qui subissent les influences bonnes ou mauvaises du milieu où ils se trouvent ; élevés au milieu de la corruption et du vice, ils constitueront des êtres dangereux, nuisibles à la société, car, dans un milieu contaminé, ce ne sont pas les bons instincts qui prospèrent, mais les mauvais ; le mauvais exemple, le contact de la corruption achèveront bien vite la maturité du mal naissant ; élevés au sein d'une famille laborieuse, ils sont susceptibles, au contraire, de devenir d'excellents ouvriers et de vigoureux travailleurs.

C'est sur ceux-là que tous les efforts de la bienfaisance publique ou privée doivent se porter, c'est pour eux qu'il faut déployer sans compter tout son zèle et toute sa prévoyance.

Ces enfants devront-ils être élevés isolément ou par groupes ?

La question est délicate, et, bien que d'un rapport du directeur de l'Assistance publique en 1882 il ressorte que le placement par groupes ait donné en général plus de satisfaction que l'autre, nous croyons qu'il ne faut pas répondre d'une façon absolue et que, si le placement isolé nous semble en principe préférable, il est des cas où le placement par groupes dans une famille ou chez un patron pourra être nécessaire.

Quel est, en effet, le but à atteindre ? Constituer une famille adoptive aux enfants qui n'en ont pas, mettre ceux-ci à même de prendre des habitudes de bonne conduite et de travail, donner à l'Etat des défenseurs qui loin de constituer pour lui une force auraient pu constituer un danger permanent.

Si tel est le but, le moyen le plus sûr de l'atteindre nous semble être le placement de l'enfant dans une famille d'ouvriers laborieux et honnêtes qui éléveront l'enfant recueilli comme leurs propres enfants, non seulement parce qu'ils s'attachent à lui, mais encore parce que en lui inspirant le goût du travail, ils espèrent en obtenir plus tard de réels témoignages de reconnaissance.

« L'éducation familiale, dit M. Rollet, lorsque la « famille est honnête, laborieuse et économe, prépare « admirablement l'enfant à la lutte pour l'existence ;

« c'est l'éducation par excellence. L'enfant qui voit ses « nourriciers travailler péniblement, sans se plaindre « pour vivre eux et leur famille, qui est témoin de leurs « soucis quand la saison est mauvaise, de leur patience « à supporter alors les privations, de leur joie lors- « qu'enfin ils peuvent jouir du fruit de leur travail, « l'enfant, disons-nous, qui a pendant de longues « années un tel exemple sous les yeux fait bien l'appren- « tissage de la vie..... Le système familial paraît assu- « rer, le plus souvent d'une manière satisfaisante, « l'éducation physique, intellectuelle et morale des jeu- « nes pupilles (1). »

D'autre part, le système du placement dans les familles entraîne des dépenses moins considérables que tout autre. C'est ainsi que la charité privée après avoir montré pendant longtemps une préférence marquée pour le placement dans les orphelinats, s'est peu à peu ralliée au système du placement dans les familles. Elle a reconnu en effet que ce dernier entraînait des dépenses sensiblement moins considérables et permettait, en conséquence, de venir en aide à un plus grand nombre de malheureux.

Enfin, le placement familial permet à la femme de joindre ses efforts à ceux du père de famille et d'apporter son concours à la noble tâche par les qualités de

(1) Rollet. — Rapport présenté au Congrès d'assistance tenu à Paris du 28 juillet au 3 août 1889.

patience et de tendresse qui lui sont spéciales. Dans la formation d'une jeune âme, la mère joue un si grand rôle que son absence ou son indignité suffit, dans un grand nombre de cas à expliquer l'inconduite de l'enfant. Chacun reconnaît que les jeunes enfants qui se sont écartés de la bonne voie, qui, après avoir déserté l'école ont fui la famille, ont besoin pour y être ramenés d'être traités tout à la fois avec douceur et avec fermeté. Les uns sont orphelins de mère, les autres, et c'est le plus grand nombre, enfants naturels abandonnés à eux-mêmes. Dans l'éducation de ces petits dévoyés, la femme devra jouer un rôle important; par sa douceur et par son affection, elle s'efforcera de remplacer la mère qui a disparu ou qui a déserté ses devoirs.

Cependant, le placement individuel dans une famille, excellent en principe, ne peut convenir qu'aux enfants d'une conduite irréprochable et qui n'ont pas encore contracté des habitudes d'oisiveté et de vagabondage qu'il serait fort difficile de leur faire perdre.

Pour les autres, pour ceux dont le caractère et la conduite ne seraient que médiocres, une discipline plus sévère s'impose, une surveillance de tous les instants devient nécessaire et le placement isolé ne présenterait pas les garanties désirables.

Dans ce cas, l'administration doit rechercher le placement par groupes, qui assurera aux enfants une direction très ferme, tempérée toutefois par un esprit éclairé et un cœur compatissant.

C'est surtout au point de vue de l'instruction que les placements par groupes sont préférables aux placements isolés pour ceux des enfants dont l'éducation présenterait quelque difficulté.

Une discipline plus sévère, une réglementation plus rigoureuse de l'emploi de chaque journée, sont, en effet, rendues nécessaires par la présence d'un plus grand nombre d'enfants.

D'autre part, cette éducation pour être plus sévère, n'en restera pas moins toute familiale ; les enfants jouiront d'une certaine liberté, partageront les jeux et les plaisirs d'autres enfants et trouveront dans leur famille d'adoption l'affection la plus dévouée.

L'enfant, placé dans un grand établissement industriel se trouvera, par le seul fait qu'il vit dans l'usine placé dans le milieu qui sera en général celui où s'écoulera son existence.

Le placement familial, qu'il s'opère isolément ou par groupes, est, donc à coup sûr, le système préférable et doit constituer la règle à l'égard des enfants recueillis.

Son application aux enfants moralement abandonnés a donné lieu à des critiques et a rencontré des détracteurs. M. Berthélemy qui s'est occupé avec passion de toutes les questions relatives à l'enfance, reconnaît les immenses avantages et les services incontestables que doit rendre le placement dans les familles, mais il limite ce procédé aux enfants assistés et parmi ceux-ci, aux enfants assez jeunes encore pour n'avoir pas contracté des habitudes déplorables, aux enfants n'ayant pas dépassé, par exemple leur huitième année. Quant à son extension aux moralement abandonnés, il ne la considère comme possible qu'à titre tout à fait exceptionnel. « Le placement, dans les familles, dit-il, est détes« table, s'il s'applique à un enfant vicieux, il est médio« cre toujours, puisqu'il ne s'agit pas d'un tout jeune « enfant » (1).

Nous croyons, au contraire, que le placement dans les familles devrait constituer la règle et non pas l'exception.

Il est un point, en effet, sur lequel nous ne saurions suivre notre éminent professeur, à savoir que les enfants moralement abandonnés vicieux constituent la règle générale. Nous aimons à croire, au contraire, que la majorité de ces petits dépenaillés sera accessible aux bons sentiments et que ceux qui sont corrompus et dépravés, partant, plus difficiles à redresser constituent l'exception.

Si en effet nous écoutons M. Brueyre, nous apprenons que l'expérience faite a montré que sur les enfants recueillis, cinq pour cent étaient réellement vicieux et incapables de bénéficier d'une éducation en liberté ; ce sont là, semble-t-il, des chiffres suffisamment éloquents.

(1) Berthélemy. — Rapport sur le congrès international d'Anvers. *Revue pénitentiaire*, A., 1891, p. 33.

§ II. — Du placement dans les orphelinats.

L'éducation dans les orphelinats ne saurait remplir le but que la charité publique ou privée se propose. Sans doute, dans les orphelinats, l'éducation physique, intellectuelle et morale peut être réglée strictement, poursuivie avec méthode, surveillée avec le plus grand soin.

La vie des enfants est bien réglée, trop bien réglée même, car, comme le fait observer M. Rollet : « C'est « précisément cette vie passive, souvent monotone qui « les énerve. Se levant, mangeant, jouant, travaillant, « se couchant à heures fixes, trouvant toujours tout « prêt sans qu'ils aient besoin de se donner plus de « mal un jour qu'un autre, ils comprennent difficilement « le prix du travail et s'habituent à l'imprévoyance » (1).

Or, le point capital dans l'éducation de tout être humain consiste à lui donner l'expérience de la vie humaine. Pour cela, l'enfant doit vivre en liberté de la vie tout intime de la famille ; il apprendra alors ce qu'il doit connaître ; il sera armé pour la lutte et pour les difficultés de l'existence.

Au contraire, après avoir reçu l'éducation purement

(1) Rollet. — *Op. cit.*

théorique des orphelinats où l'enfant s'est habitué peu à peu à ne prendre aucune initiative, l'adolescent tombera dans la vie comme dans un monde inconnu où il sera sollicité par une foule de tentations et tout prêt à se laisser entraîner par l'exemple des autres.

§ III. — L'école de réforme ou de préservation.

A côté de cette première catégorie d'enfants qui n'ont contracté des habitudes d'oisiveté et de vagabondage que parce qu'ils ont été livrés à eux-mêmes sans surveillance et sans appui, et qui sont susceptibles de se réformer suivant qu'ils seront placés dans un milieu honnête ou dans un milieu malsain, il en est une autre, dont les éléments sont peut-être plus rares, mais qui existe cependant ; ce sont ceux que les parents se seront déclarés incapables de redresser, pour lesquels un court séjour, même répété, dans les maisons de correction n'aura pas suffi, et qui, sans être tout à fait gangrenés, sont cependant inaccessibles aux bonnes influences.

Ces enfants, vicieux ou indisciplinés, doivent être résolument soustraits à la vie campagnarde et leur placement dans une famille, pourrait, dans bien des cas, donner naisssance aux plus graves mécomptes. A tous ces pauvres êtres, il faut une influence plus active et plus énergique ; leur placement dans une famille constituerait pour celle-ci un très grand danger et y apporterait un élément fâcheux de trouble et de démoralisation.

Pour eux l'existence de maisons correctionnelles s'impose. L'enfant y sera soumis à un régime de coercition ou bien, au contraire, à un régime d'éducation, suivant qu'il sera corrompu ou naturellement vicieux ou qu'il sera simplement difficile. Seulement, il semble bien peu aisé à première vue de distinguer l'enfant vicieux de celui qui n'est que difficile ; cependant, la solution de la question nous semble assez simple ; on pourrait, croyons-nous, généraliser la méthode employée par l'administration de l'Assistance publique à Paris pour l'admission des moralement abandonnés.

Elle ne se prononce, en effet, sur l'admission définitive qu'après une période d'observation qui lui permet d'écarter de son nouveau service d'abord les enfants infirmes, puis les sujets absolument vicieux qu'il lui eût été nécessaire d'interner de suite dans des établissements spéciaux. C'est après une période d'observation de ce genre que les administrations pourront agir en pleine connaissance de cause, appliquer tel ou tel régime, celui de la pleine liberté comme celui de l'internat ou de la maison correctionnelle.

Quant à l'opportunité d'établissements spéciaux, quel que soit le nom qu'on veuille leur donner, qu'ils s'appellent écoles de réforme ou écoles de préservation, elle ne saurait, selon nous, être mise en doute.

Seulement, la difficulté qui surgit alors est relative d'une part à la question de savoir si ces établissements spéciaux existent déjà ou si leur création s'impose, quels seront exactement, d'autre part, les enfants qui devront y être envoyés ; devront-ils être exclusivement réservés aux enfants simplement difficiles, ou bien devra-t-on y admettre également les enfants vicieux et déjà pervertis, portés par leur nature aux actes d'immoralité ou de violence ?

La question a donné lieu à de graves désaccords. C'est que, en effet, il est bien difficile de se faire une idée nette et précise, en présence des établissements actuellement existants, sur ce que seraient ou devraient être les établissements à créer.

Plusieurs auteurs, parmi lesquels M. Berthélemy, nient d'une façon formelle la nécessité de créer de nouveaux établissements sous le nom d'écoles de réforme. Ces écoles de réforme, dit-il, nous les avons. Le département de la Seine n'a-t-il pas créé des écoles professionnelles de redressement ? Ce n'est pas l'instrument qui nous manque, c'est la manière de nous en servir. Outre l'école de réforme d'Yseure et de la Salpêtrière pour les filles et l'école de Port-Hallon pour les garçons, faut-il donc signaler les établissements de St-Ylan, de Ste-Foy, de Brignais ; faut-il donc rappeler l'existence de cet établissement magnifique admiré de tous en France et à l'étranger, la colonie de Mettray, qui reçoit notamment les enfants abandonnés par leurs parents et qui sont réfractaires à toute discipline domestique ?

A côté de cette première théorie qui méconnaît la nécessité de créer de nouveaux établissements, il en est une autre dont M. Brueyre s'est fait l'orateur éloquent au sein du Conseil supérieur de l'Assistance publique et qui préconise la création d'écoles de réforme.

Si nous examinons avec lui quel moyen s'offre aux parents absorbés par leur travail ou atteints d'infirmités qui les empêchent de surveiller leurs enfants lorsque ceux-ci présentent des symptômes graves d'indiscipline, il semble qu'ils soient à peu près désarmés.

L'Assistance publique, en effet, écartait après une période d'observation les enfants reconnus vicieux, et les sociétés privées, d'autre part se souciaient fort peu de prendre à leur charge des sujets qui n'eussent été pour elles qu'une cause de soucis et de désordres. Quelle ressource restait-il donc alors aux parents ?

Uniquement l'internement par voie de correction paternelle, système condamné et condamnable, qui, à cause de son peu de durée, est d'un effet absolument nul, ou bien l'abandon moral, le délaissement qui amènera tôt ou tard, l'enfant devant la justice.

C'est peut-être là un des torts les plus graves du législateur de 1889 d'avoir mis à la charge de l'Assistance publique les enfants moralement abandonnés, vicieux ou non, sans se préoccuper autrement de leur éducation, sans lui faciliter leur redressement, de n'avoir pas prévu, pour les pupilles insurbordonnés, la création d'établissements spéciaux, ou l'amélioration des établissements déjà existants. Si le législateur de 1889 était entré dans les détails, sans se borner à poser les principes, nul doute qu'il eût rendu l'application de la loi plus facile et par conséquent plus fréquente.

M. Brueyre ne se contente pas de la création d'établissements nouveaux ; il va plus loin encore ; pour lui, en effet, deux sortes d'établissements seraient indispensables ; les uns, auxquels il donne le nom « d'Ecoles de préservation », seraient réservés aux enfants qui ont simplement des tendances à mal faire ; les autres, sous le nom « d'Ecoles de réforme, » seraient affectés aux pupilles réellement vicieux et dangereux.

Nous ne saurions, quant à nous, partager ces vues, et la solution de la question nous paraît plus simple ; car enfin, si l'on créait des établissements nouveaux, quels enfants recevraient-ils ; quels enfants mettrait-on dans les établissements déjà existants ? Toutes ces sélections et éliminations ne seraient-elles pas de nature à donner naissance aux plus graves embarras ?

Si vous exigez la création d'établissements nouveaux non seulement pour les enfants simplement difficiles, mais encore pour les enfants profondément vicieux, il n'y a aucune raison pour que dans tout ce petit monde vous ne fassiez pas encore une sélection et ne préconisiez une troisième catégorie d'établissements ; car, qui oserait soutenir qu'un bambin de sept ans, par exemple, soit aussi vicieux et aussi difficilement amendable qu'un de douze, un de douze qu'un de quinze, etc. ; dans cette voie on peut aller fort loin.

Que de complications inutiles !

L'Assistance publique elle-même, serait-elle bien fixée sur la décision à prendre vis-à-vis de tel enfant déterminé ?

Sera-t-il envoyé ici, là, ou ailleurs ?

Et puis, que de frais, que de sacrifices demandés à l'Etat ou aux particuliers !

Non. Entrer dans cette voie, c'est, il nous semble, faire fausse route. Nous nous rangeons entièrement sur ce point à l'avis de M. Berthélemy. La nécessité d'établissements nouveaux ne se fait aucunement sentir ; ceux qui existent sont suffisants si nous savons nous en servir et les adopter habilement aux besoins de la cause. « Je cherche en vain, en cette délicate matière, « dit M. Berthélemy, quels instruments nous manquent. « La nécessité, l'utilité même des maisons nouvelles, « des Ecoles de réforme « à créer » s'évanouit à mesure « que l'on creuse la question. J'ai cherché le vide qu'on « signalait, je ne l'ai pas aperçu. J'ai trouvé partout « des maisons de réforme. Que veut-on de plus ?

« J'avoue humblement que je ne parviens pas à le « deviner (1). »

La création d'écoles de réforme n'est donc aucunement justifiée ; l'administration pénitentiaire se trouve suffisamment outillée pour accomplir sa tâche. Que l'on parle non de création, mais de transformation ou d'amélioration, nous serons d'accord !

Pour les enfants seulement difficiles, qui, à raison de leur indiscipline ou de leurs défauts de caractère ne peuvent être confiés à une famille, comme pour les pupilles vicieux mais trop jeunes cependant pour être soumis au régime sévère des maisons de correction, on pourrait améliorer le régime des nombreuses colonies actuellement existantes et auxquelles on pourrait donner le nom d'Ecoles de préservation. Ces écoles devraient revêtir un caractère à la fois familial et hospitalier ; l'enfant y recevrait une instruction tout à la fois morale et professionnelle. Ce seraient, comme on l'a très bien dit, des écoles professionnelles à discipline rigoureuse, écoles d'agriculture ou écoles industrielles, n'ayant aucun caractère correctionnel. Le reproche que l'on pourrait adresser aux Ecoles de réforme actuellement existantes, c'est de relever de l'administration pénitentiaire, tandis que les établissements destinés à recevoir

(1) BERTHÉLEMY. — Rapport à la Société générale des prisons. Séance du 15 février 1899. *Revue pénitentiaire*, A. 1899 p. 330.

les pupilles difficiles devraient relever exclusivement de l'Assistance publique ou de la bienfaisance privée. Modifiées dans ce sens, les écoles de réforme actuellement existantes, constitueraient un établissement intermédiaire entre le placement familial et la maison de correction ; les bons, les moins bons et les mauvais auraient leur place (1).

Pour ces derniers, en effet, quand ils auront dépassé un certain âge, nous ne voyons pas de remède plus salutaire que la maison de correction, car, pour les pupilles profondément vicieux et parfaitement conscients de la gravité de leur conduite, pour ceux chez lesquels le mal est déjà profondément enraciné, un régime d'une rigueur extrême est le seul possible.

Or, si le régime des maisons de correction est d'une inefficacité constatée lorsqu'il intervient pour une courte durée, il est susceptible au contraire de produire les meilleurs résultats si l'internement est prononcé pour une période suffisamment longue et s'il ne s'applique pas à des enfants trop jeunes.

Mais, nous voyons bien vite l'objection. Vous oubliez, dira-t-on, que vous avez affaire à des enfants qui n'ont commis aucun délit, pour lesquels, par conséquent, il ne saurait être question de répression mais seulement d'éducation préventive ; vous les traitez plus sévère-

(1) DELEGORGUE. — *Thèse*, Paris, 1900, p. 136 et suiv.

ment que des jeunes délinquants qui peuvent, en vertu même de l'art. 66. être remis à leurs parents ou enfermés dans une maison de correction mais pour une durée variable.

Certes non, nous ne l'oublions pas ; interner pour de longues années des enfants innocents et en l'absence d'un texte formel, c'est là un acte grave, nous le reconnaissons ; mais les enfants que nous traitons de la sorte sont des enfants tout particulièrement dangereux, plus dangereux peut-être que beaucoup de ceux qui ont déjà fait connaissance avec les parquets ou la police correctionnelle ; ils n'ont commis aucun délit parce qu'ils n'ont pas eu encore l'occasion d'en commettre, mais leur caractère perverti, leur nature cruelle ne les mettront pas à l'abri du sort qui les attend si on ne les réforme pas au plus vite.

D'ailleurs, n'est-ce pas rendre ainsi un réel service à l'interné lui-même? La sévérité du régime n'est rien, si les résultats obtenus sont bons, si celui qui serait certainement entré dans la voie du crime est devenu un bon citoyen utile à la société, et nous estimons que pour les enfants dont nous nous occupons, un régime rigoureux peut seul réaliser cette heureuse transformation.

SECTION II

ROLE DE L'ÉTAT DANS L'ÉDUCATION DES PUPILLES

Dans l'éducation des jeunes pupilles, quelle part revient à l'Etat ; quelle sera vis-à-vis de lui, la situation des particuliers ou des associations ?

La loi de 1889 place sous la surveillance de l'Etat tous les enfants qu'elle a eu pour but de protéger. « Les enfants confiés, dit l'art. 22, à des particuliers ou à des associations de bienfaisance dans les conditions de la présente loi, sont sous la surveillance de l'Etat représenté par le préfet du département. »

L'Etat exerce ce droit de surveillance soit par l'intermédiaire du préfet, soit par l'intermédiaire de l'Assistance publique elle-même. C'est alors pour cette dernière une conséquence de la délégation à elle faite par le tribunal des droits de la puissance paternelle dont les particuliers ou associations privées n'ont que l'exercice.

La nécessité d'une telle surveillance se faisait impérieusement sentir ; il était à craindre, en effet, que dans les établissements industriels, notamment, où les enfants sont placés par groupes, on eût tendance à abuser des forces des jeunes pupilles et à leur faire donner une somme de travail trop considérable en vue de réaliser des bénéfices plus importants.

D'autre part on a pu constater des abus que l'autorité compétente devait faire disparaître parce qu'ils ont quelque chose d'humiliant et d'immoral. C'est ainsi que dans plusieurs grandes villes, les établissements de charité moyennant une aumône font figurer leurs pupilles aux mariages, aux funérailles ou aux bouts de l'an des personnes riches.

L'enfant n'a-t-il donc pas autre chose à apprendre que de servir à de pareilles exhibitions ? Des faits de cette nature avaient frappé l'attention d'un certain nombre de préfets qui furent unanimes à réclamer de la loi nouvelle un remède à de tels abus (1).

De la grande enquête exécutée en 1882 et présentée à la commission du Sénat, il résultait en effet que sur 1110 associations ou établissements de charité se consacrant à l'éducation de l'enfance, 519 étaient totalement ignorés de l'autorité publique et en conséquence, échappaient à tout contrôle de l'Etat ; c'est là surtout que les abus étaient à redouter, car la principale ressource de ces établissements est celle qui provient du travail des enfants recueillis et c'est ainsi qu'on a pu constater que des jeunes filles de moins de douze ans étaient soumises à onze heures de travail tous les jours et cela dans un établissement inspecté. S'il en est ainsi,

(1) GERVILLE-RÉACHE. — Rapport à la Chambre des députés : *J. Officiel*. Chambre, annexes, 1884, 3, p. 861.

quels abus ne constaterait-on pas dans ceux qui ne sont soumis à aucune inspection ?

Ce n'était pas assez de placer les établissements de charité sous la surveillance de l'Etat ; il fallait fournir à celui-ci l'arme légale destinée à frapper les insoumis.

L'art 22 dispose tout d'abord qu'un règlement d'administration publique déterminera le mode de fonctionnement de cette surveillance ainsi que de celle qui sera exercée par l'Assistance publique ; les infractions au dit règlement seront punies d'une amende de 25 à 1000 francs; en cas de récidive, la peine de l'emprisonnement de huit jours à un mois pourra être prononcée.

Cette sanction pénale n'est pas la seule contenue dans la loi ; elle eût été insuffisante, et, dans bien des cas l'amende prononcée n'eût apporté à l'état de choses existant qu'un remède peu efficace ; il fallait, dans certains cas déterminés, agir plus promptement et plus sûrement ; de là la disposition de l'article 23 aux termes duquel « le préfet du département de la résidence de l'enfant confié à un particulier ou à une association de bienfaisance, dans les conditions de la présente loi, peut toujours se pourvoir devant le tribunal civil de cette résidence, afin d'obtenir dans l'intérêt de l'enfant que le particulier ou l'association soit dessaisi de tout droit sur ce dernier et qu'il soit confié à l'Assistance publique.

« Les droits conférés au préfet par le présent article appartiennent également à l'assistance publique. »

Nous touchons ici à une question qui, lors de la discussion du projet de loi, a fait, au sein du Sénat l'objet de graves discussions. Le système du Sénat, en effet, n'admettait en aucune façon l'intervention du pouvoir judiciaire.

L'art 12 du projet primitif, tel qu'il avait été présenté à la commission du Sénat, était ainsi conçu : « Tout mineur placé conformément à la présente loi demeure sous la surveillance de l'autorité publique. Le préfet peut, de l'avis du comité départemental, retirer la garde d'un mineur à l'administration d'assistance, à l'association, à l'orphelinat ou tout autre établissement, ou au particulier auxquels elle a été confiée par lui et la déférer à d'autres, sauf les cas prévus à l'art 16. »

Toutes les mesures concernant le placement et d'une manière générale l'éducation de l'enfant, étaient prises à Paris par le préfet de police et, dans les départements, par le préfet, sur l'avis conforme d'un Comité départemental composé d'éléments divers pris dans la magistrature ou dans l'administration.

Ce pouvoir donné au préfet d'intervenir, a soulevé des critiques très vives. L'honorable sénateur, M. Bérenger, s'est élevé contre les pouvoirs donnés à un véritable corps administratif de donner les enfants et de les retirer, de s'ingérer ainsi dans leur éducation.

Il fait remarquer que l'Etat trouve un puissant appui dans la charité privée, que celle-ci ne vit que de liberté et d'indépendance et que reconnaître à l'autorité administrative le pouvoir discrétionnaire de déplacer l'enfant pour le replacer ailleurs, et cela, sans aucune garantie pour les établissements qui, en si grand nombre, s'occupent de l'enfance, c'est porter un coup fatal aux œuvres de charité privée.

M. Bérenger demandait de substituer aux mots « retirer la garde d'un mineur » ceux-ci : « provoquer le retrait de la garde d'un mineur ». En effet, disait-il, si vous placez les établissements de charité, qui ont été libres jusqu'à ce jour, sous le pouvoir discrétionnaire de l'autorité administrative, accordez-leur au moins une garantie et assurez-leur qu'on n'usera pas arbitrairement de ce pouvoir discrétionnaire.

La commission répondait en alléguant la nécessité de tenir en suspicion les établissements de charité privée pour remédier aux abus que l'enquête de 1882 avait fait découvrir. La nécessité pour le préfet d'obtenir du tribunal une décision l'autorisant à retirer un enfant lui semblait absolument inacceptable.

« Comment, dit M. Théophile Roussel, lorsqu'il sera « démontré au comité départemental, au préfet, que la « santé, la moralité d'un enfant sont en péril imminent, « il faudra que le préfet commence par obtenir un ju- « gement du tribunal civil ! L'expérience de l'Assis- « tance publique prouve que les cas qui exigent des re- « traits de placement sont, le plus souvent, des cas « d'urgence.

« Pour que l'intérêt matériel ou moral de l'enfant ne

« soit pas trop gravement compromis, il faut, autant « que possible, que la mesure soit prise du jour au len-« demain. A chercher ici mal à propos des garanties « pour la charité en exigeant une intervention du tri-« bunal, on paralyse la protection et on rend l'action « du comité et du préfet complètement illusoires (1). »

La loi définitivement votée exige, comme nous l'avons vu, dans son art. 23, l'intervention du tribunal accordant ainsi une garantie des plus sérieuses aux particuliers et aux établissements gardiens.

Le législateur de 1889 s'est donc rapproché du système demandé par M. Bérenger. Désormais, le droit du préfet ou de l'Assistance publique représentée par l'inspecteur du département sera seulement de demander à la justice la révocation des droits acquis par les particuliers ou les établissements de charité ; ceux-ci sont les mandataires de l'Assistance publique mais si le mandat qui leur est conféré est toujours révocable, il ne peut jamais être révoqué que par une décision judiciaire (2).

L'intervention du pouvoir judiciaire se justifie sur ce point encore par des considérations très fortes. « Elle « est indispensable, dit l'exposé des motifs. Il importe

(1) THÉOPHILE ROUSSEL. — Sénat. Débat, p. 825. Séance du 5 juillet 1883.

(2) Circulaire adressée aux préfets sur la loi du 24 juillet 1889. *Bulletin du ministère de l'intérieur*. Année 1889, p. 288.

« que les particuliers et les établissements gardiens ne « puissent jamais penser qu'ils sont à la merci du pou- « voir discrétionnaire de l'administration. »

Il était de toute nécessité de stimuler les efforts de la charité privée qui dans une mesure très large apporte son concours dans l'œuvre de relèvement des petits délaissés et pour cela il fallait multiplier les garanties désirables en vue de rassurer les initiatives.

Que l'on songe à l'influence pernicieuse que pourrait avoir sur les nombreuses associations de bienfaisance un pouvoir arbitraire sans limite et sans contrôle. Combien de généreuses entreprises ne seraient-elles pas paralysées par la crainte de voir entraver l'œuvre commencée pour des raisons peu sérieuses et sans que l'intérêt de l'enfant le réclame ?

Suivant la décision qui aura été rendue par le tribunal, plusieurs hypothèses peuvent se présenter :

1° La demande de retrait peut être rejetée et le placement maintenu ; dans ce cas, la décision du tribunal peut être frappée d'appel soit par le préfet soit par les parents eux-mêmes.

2° L'enfant pourra, dans cette deuxième hypothèse, être rendu à ses parents. L'art. 23 dispose en effet, que le tribunal statue, les parents entendus ou dûment appelés ; on peut supposer dans ces conditions que les parents revenus à de meilleurs sentiments ou à une meilleure situation de fortune réclament leur enfant et le tribunal, après avoir constaté ces changements, peut, par analogie appliquer l'art. 21 de la loi et ordonner la remise de l'enfant aux parents.

3° Ou bien encore, la demande de retrait étant reconnue fondée, l'enfant fera l'objet d'un placement nouveau ; le tribunal déléguera à un autre particulier ou à un autre établissement l'exercice des droits de la puissance paternelle conformément aux art. 17 et 19, c'est-à-dire sanctionnera une nouvelle cession judiciaire ou un recueillement opéré sans l'intervention des parents.

4° Ou bien enfin, l'enfant sera confié à l'Assistance publique qui pourra, à son tour, déléguer à un particulier ou à une association l'exercice des droits qui lui seront conférés.

Nous savons que la loi de 1889 place sous la surveillance de l'Etat tous les enfants dont elle s'occupe. Nous avons vu d'autre part que ce droit général de surveillance, l'Etat l'exerce tantôt par l'intermédiaire du préfet, tantôt par celui de l'Assistance publique.

Cette dernière jouissant de certains droits, étant tenue aussi de certaines obligations, il importait de déterminer par l'intermédiaire de quels fonctionnaires elle exercerait ces droits ou remplirait ces obligations.

C'est l'objet de l'art. 24 aux termes duquel : « Les représentants de l'Assistance publique, pour l'exécution de la présente loi, sont les inspecteurs départementaux des enfants assistés et à Paris le directeur de l'administration générale de l'Assistance publique ».

Que sont ces inspecteurs départementaux, comment

sont nés et comment se sont développés leurs pouvoirs ?

Ces inspecteurs départementaux sont des fonctionnaires nommés par l'administration elle-même en vertu d'une circulaire du ministre de l'Intérieur du 12 mars 1839 qui avaient pour mission d'inspecter et de surveiller l'éducation des pupilles dans les divers placements dont ils avaient été l'objet, et qui, par un progrès lent mais continu s'emparèrent peu à peu de la mission confiée par la loi du 15 pluviôse an XIII et par le décret du 19 janvier 1811 aux commissions administratives des hospices.

Les dispositions de ces deux textes n'ont jamais été abrogées ; mais en fait les commissions hospitalières s'étaient dessaisies de leurs droits au profit de l'inspecteur départemental. Loin de chercher dans l'inspecteur départemental un auxiliaire qui les eût mises à même de remplir leur mission de contrôle, elles se déchargèrent peu à peu au profit de l'inspecteur départemental du soin de surveiller les enfants confiés à leur tutelle.

En fait, depuis bien longtemps, les commissions administratives négligeaient leurs attributions et se désintéressaient complètement de la tutelle des enfants assistés. « Plusieurs, même allèrent jusqu'à prendre des « délibérations la déférant aux inspecteurs ; elles n'inter- « vinrent plus que dans les circonstances où l'on ne

« pouvait pas se passer d'elles ; autorisation de mariage, « émancipation d'un pupille, etc. (1). »

En réalité, l'autorité des inspecteurs s'était substituée à celle des commissions administratives, et il paraît que dans cette substitution l'enfant a trouvé des avantages considérables ; si bien que, dans les quelques départements où les commissions ont conservé tous leurs droits et tous leurs pouvoirs, le service et les enfants en souffrent.

Dans ces conditions, il semblait tout naturel d'écarter ces commissions de la surveillance des enfants maltraités ou moralement abandonnés comme elles l'avaient été de leur tutelle. « Ce n'est pas, en effet, une commis-« sion qui peut placer les enfants, contrôler les associa-« tions ou les particuliers gardiens, poursuivre le retrait « des enfants, leur procurer un placement meilleur, pas « plus, du reste, qu'exercer efficacement la tutelle. Pour « cette tâche, il fallait un fonctionnaire unique et res-« ponsable (2). »

(1) BATAULT. — *Du placement, de l'entretien et de l'éducation des enfants assistés*, p. 198.
(2) DRUCKER. — *Thèse*, Paris, 1894.

SECTION III

COMMENT ON PEUT JUSTIFIER L'INTERVENTION DE L'ÉTAT

L'intervention de l'Etat dans la famille, l'immixtion des pouvoirs publics dans des rapports d'ordre essentiellement intime a soulevé bien des critiques et a donné lieu à un grand nombre de controverses.

Qu'il s'agisse de déchéance ou seulement de dessaisissement ; que ce dessaisissement ait lieu sur l'intervention des parents ou contre leur volonté, il n'y en a pas moins substitution d'une famille à une autre, une famille artificielle ou fictive, si l'on veut, à la famille naturelle et c'est cette désorganisation de la famille qui a soulevé l'indignation de certains philosophes.

Comment admettre qu'un père puisse ainsi abdiquer les devoirs les plus sacrés que la nature lui impose ; comment une loi peut-elle sanctionner et donner une valeur légale à de pareils contrats intervenus entre des parents et des œuvres de charité !

Bien plus, de quel droit, a-t-on dit, venez-vous retirer à un père des droits que la loi lui accorde sur la personne et sur les biens de ses enfants pour les déléguer à un étranger ? Un père est le maitre absolu, il est libre d'élever ses enfants comme bon lui semble ; l'enfant n'appartient qu'à lui. « La nature donne au « père le droit de gouverner son fils et elle donne au « fils le droit d'être gouverné par son père ; c'est une « autorité également nécessaire à celui qui l'exerce et « à celui qui la subit. Toute doctrine qui, sous prétexte « de liberté, désarmera le père et affranchira l'enfant « aura pour effet de détruire la liberté de l'un et de « l'autre, car elle ôtera à l'un et à l'autre son droit et « sa nature (1) ».

On a prétendu que le droit reconnu à l'Etat de s'immiscer dans les familles en faveur de l'enfant avait quelque chose d'attentatoire à la liberté du père de famille qui est le maître chez lui.

Le Play représente l'autorité du père sur ses enfants comme une puissance absolue à laquelle on ne doit pas toucher même pour en réprimer les abus ; l'autorité paternelle est, pour lui, en dehors et au-dessus de tout contrôle.

Sans doute, la loi a conféré au père des droits sur ses enfants, mais, pourquoi les lui a-t-elle conférés ?

Parce que l'enfant est un être faible qui a besoin d'un protecteur ; il a des passions qu'il faut sagement réprimer; il a une volonté qui subit l'influence des mauvais penchants que tout homme apporte en naissant. L'enfance

(1) J. Simon. — *La Liberté civile.*

mérite d'autant plus de soins, d'autant plus de sollicitude qu'elle est plus innocente et plus faible.

Fortifier le corps, cultiver l'esprit, maîtriser les mauvais penchants, voilà l'œuvre difficile, voilà la tâche ardue mais nécessaire, car, suivant la direction que l'on donnera à l'arbrisseau, l'arbre poussera droit ou tortueux.

Cette œuvre, le législateur l'a confiée au père parce qu'il était par la nature le seul désigné pour remplir cette noble tâche, le seul, pensait-il, qui pût trouver dans son amour la persévérance et l'abnégation nécessaires pour mener à bien une entreprise souvent difficile, quelquefois pleine de déboires et de désillusions. Si la loi lui a accordé des droits, c'était pour le mettre à même de remplir plus aisément ses devoirs.

Mais, si comme cela arrive malheureusement trop souvent dans les grandes villes, le législateur s'est trompé, si des parents indignes ou seulement malheureux ne veulent pas ou même ne peuvent pas remplir les devoirs que la morale et le droit naturel leur imposent à l'égard de leurs enfants, les droits qui leur appartenaient, disparaissent du même coup, ceux-ci étant la conséquence de ceux-là.

C'est alors que l'Etat doit sa sollicitude à ceux qui ne peuvent se défendre, c'est alors qu'il doit intervenir et se substituer aux parents pour recueillir l'enfant délaissé.

C'est, de sa part, non seulement accomplir une

œuvre charitable, c'est aussi agir suivant ses intérêts bien compris. Le jeune délaissé d'aujourd'hui n'est-il pas, en effet, le jeune criminel de demain ? L'Etat a le droit de se défendre contre tous les dangers qui peuvent troubler l'ordre social.

Le droit du père sur son enfant ! dira-t-on. Mais le père a-t-il donc un droit de propriété sur la personne de son enfant ? Celui-ci est-il donc une chose qu'il peut louer, vendre, abandonner, exposer ou corrompre à son gré ? Grâce à Dieu, nous ne sommes plus sous le régime patriarcal et absolu de la patriapotestas des origines de Rome.

Ne peut-on pas soutenir que si l'Etat, si la société a conféré aux parents des droits sur leurs enfants, droits qui leur étaient nécessaires pour remplir leur tâche, elle n'a pas entendu s'en dépouiller sans réserve ; que ces droits, elle les a conférés au père parce qu'elle le jugeait le plus digne de les exercer, sauf à rentrer en possession de ces droits si elle s'est trompée.

D'ailleurs si la loi a frappé avec rigueur les parents corrompus et indignes en prononçant contre eux la peine de la déchéance, n'a-t-elle pas, pour les parents seulement incapables et dignes d'intérêt, édicté des règles destinées à leur maintenir tous leurs droits s'ils le désirent ? Quand l'enfant a été recueilli sans l'intervention de ses parents, l'art. 20 ne donne-t-il pas à ceux-ci un délai de trois mois pour réclamer leur enfant ?

L'intervention de l'Etat en cette matière, n'est pas un fait nouveau.

Dans les temps les plus reculés, chez les Romains et chez les Grecs, il intervenait, beaucoup moins, il est vrai, dans l'intérêt de l'enfant que dans son propre intérêt, beaucoup moins par humanité que par égoïsme, puisque le père pouvait détruire l'enfant né débile ou difforme.

Chez nous, même, on a depuis longtemps considéré que l'Etat doit sa protection aux enfants parce qu'il a intérêt à ce que ni leur moralité ni leur santé ne soient compromises. Une déclaration de Louis XIV du 8 mars 1704 disait : « Nous avons résolu de conserver « à la justice et aux magistrats l'autorité dont ils ont « besoin pour réparer les abus que ceux qui exercent « la puissance domestique sur les mineurs peuvent en « faire en quelques occasions (1). »

Dans un de ses plus célèbres plaidoyers, d'Aguesseau disait : « Quelque grande que soit l'autorité des parents « elle a cependant une autorité supérieure dans la « société, et, si les parents sont les premiers juges, « leur jugement est toujours soumis à celui des magis- « trats. Ceux entre les mains desquels on a remis le « dépôt sacré de l'autorité publique ne doivent pas

(1) Rapporté dans PLANIOL, t. I, p. 801.

« abandonner les membres de la patrie aux caprices « d'un particulier (1). »

Aujourd'hui encore, l'intérêt de l'Etat à intervenir n'est pas indéniable, mais le côté humanitaire et moral tend de plus en plus avec les progrès de la civilisation et l'adoucissement des mœurs à jouer un rôle prépondérant.

« Le père, dira-t-on, ne doit relever que de sa conscience dans l'usage qu'il fait de son autorité. » Sans doute, mais en présence des abus les plus monstrueux, en présence d'autre part d'une indifférence scandaleuse ou même d'une incapacité bien certaine, qui prendra soin de ces êtres maltraités ou délaissés ? L'Etat.

L'Etat, parce qu'il est intéressé à la conservation de la race, parce qu'il lui faudra des citoyens et des soldats, parce que, s'il n'intervient pas à temps pour procurer une éducation morale et secourir ces malheureux enfants, il verra s'accroître le nombre de ses ennemis ; parce que aussi, tout enfant, par le fait même de sa naissance a droit à une protection ; riches ou pauvres, enrubannés ou en haillons, légitimes ou bâtards, tous ont le même droit à la vie, le même droit à être développés pour devenir des hommes.

Certes, il y aura toujours des inégalités de rang et de

(1) *Journal des audiences*, t. VII, liv. V, ch. II, rapporté dans PLANIOL, *ouv. cité*.

fortune, mais une société forte et bien organisée n'a pas le droit de laisser sans protection, d'abandonner à la rue, d'exposer aux mille dangers qui en feront un débris d'humanité, un enfant que ses parents ne peuvent pas surveiller.

Si lourde ou si périlleuse que soit la tâche, il y a là un devoir d'humanité dont elle ne doit pas s'affranchir.

CONCLUSIONS

Parvenus au terme de notre étude, nous avons à nous demander maintenant si les résultats de la loi ont répondu aux espérances de ceux qui l'avaient inspirée et, dans le cas contraire, quelles peuvent en être les raisons.

Nous avons vu que la réforme législative si ardemment attendue était nécessitée par la situation déplorable où se trouvaient les établissements de charité protecteurs de l'enfance vis-à-vis de parents plus préoccupés de leur profit personnel que de l'intérêt de leurs enfants, et qui, toujours détenteurs en droit des attributs de la puissance paternelle s'en servaient en fait uniquement pour en tirer profit et entraver l'œuvre de protection ou de relèvement des associations de bienfaisance ou des particuliers.

Le législateur de 1889, en édictant la peine de la déchéance pour les parents indignes, en établissant le système des dessaisissements judiciaires des droits de la puissance paternelle, avait pensé arracher à la misère et à la corruption un nombre considérable de petits malheureux et de jeunes vagabonds, en facilitant la tâche des associations de bienfaisance et en rassurant leur initiative.

« Tentons maintenant, dit M. Brueyre, d'évaluer « le nombre d'enfants dont la loi de 1889 doit être « la sauvegarde. Le nombre de ces enfants a été « évalué par l'honorable M. Bonjean à 100.000. Nous « ignorons sur quelles bases il a établi son calcul, mais « nous croyons que ce nombre est beaucoup trop élevé.

« Suivant nos appréciations, le nombre des morale- « ment abandonnés doit s'élever dans les environs de « 40.000, dont moitié pour Paris. De cette population « totale d'environ 40.000 on peut espérer et on doit « essayer d'en drainer environ les trois quarts : les plus « malheureux. Il restera toujours un résidu, irréducti- « ble et se renouvelant constamment à mesure qu'on « l'épuise, d'une dizaine de mille.

« Pour atteindre ce résultat, il faut que les services « d'enfants assistés opérant concurremment avec la « charité privée recueillent ensemble chaque année « environ 2000 enfants dont moitié à Paris. A raison « d'environ trois enfants par jugement, c'est donc « approximativement 1700 jugements que les tribu- « naux seront appelés à rendre en exécution du titre I « ou du titre II, art. 17 et 19... Telle est l'étendue que

« devrait recevoir l'application de la loi de 1889 si l'ins« trument était parfait et s'il était habilement manié « par les autorités administratives (1). »

Si l'on consulte les statistiques, on s'aperçoit bien vite que les résultats n'ont pas été pleinement satisfaisants et qu'il y a bien loin, hélas ! de l'espérance à la réalité.

Pour les cinq derniers mois de l'année 1889, 42 jugements seulement ont été rendus en exécution soit du titre I ou du titre II.

Pendant l'année 1890, à une époque, il est vrai, où les juges n'étaient pas encore familiarisés avec la loi nouvelle, où on était encore dans une période de tâtonnements et d'hésitations, le nombre des mineurs recueillis ne dépasse pas 60, se répartissant ainsi : 16 cas de déchéance en vertu du titre I, 17 de dessaisissement avec intervention des parents et 28 sans intervention en vertu du titre II.

« Au 1er avril 1894, dit M. Berthélemy, l'effectif des « enfants moralement abandonnés recueillis par l'ad« ministration publique non compris le département de « la Seine, s'élève au nombre de 8544. Un millier « d'enfants ont été recueillis de même par les particu« liers ou par les sociétés privées. C'est donc dix mille

(1) BRUEYRE. — Rapport au comité de défense des enfants traduits en justice sur l'application de la loi du 24 juillet 1889, 48.

« enfants au moins, puisque le contingent de la Seine « n'est pas compté, qui en cinq années viennent d'être « arrachés au danger moral (1). »

Dix mille enfants sauvés, quand on aurait dû en sauver 40.000 ! Voilà des chiffres suffisamment éloquents.

Il n'est pas besoin de prolonger davantage une énumération qui deviendrait fastidieuse pour se convaincre que la loi de 1889 n'a pas guéri tous les maux et n'a pas produit les effets qu'on était en droit d'attendre d'elle.

C'est à nous maintenant à rechercher quelles peuvent être les causes de cet échec partiel (2).

Cette loi de 1889, on l'a accusée de bien des torts, on lui a attribué bien des imperfections, on lui a reproché de ruiner la famille et on a même été jusqu'à la qualifier de « socialiste ».

Nous essaierons de signaler ses imperfections sans parti pris et nous tâcherons de ne pécher ni par excès d'indulgence ni par exès de sévérité.

Le législateur, en effet, a fait beaucoup : ses efforts ont abouti à sauver un nombre d'enfants déjà respectable, recueillis soit par la bienfaisance publique, soit par la charité privée ; celle-ci, assurée que l'enfant auquel elle prodigue tout son dévouement et tous ses soins, au profit duquel elle sacrifie une grande partie

(1) Berthélemy. — Rapport au Congrès national d'Assistance de 1894 de Lyon, p. 9.

(2) Gallois. — *Thèse,* Paris, 1899, p. 72.

de ses ressources, ne lui sera pas enlevé par ses parents, s'est montrée plus empressée à soulager les infortunes et à recueillir les moralement abandonnés.

Si l'œuvre du législateur a échoué pour partie, si le dessaisissement des droits de la puissance paternelle n'a pas été plus souvent prononcé, c'est parce que le législateur a eu le tort d'exiger l'homologation de la justice.

Nous avons déjà dit, au début de notre deuxième partie, que, pour les parents que vise plus particulièrement le titre II, le système des contrats de dessaisissement, admis dans le projet voté par le Sénat, était préférable. Beaucoup de parents, dénaturant le but véritable de l'intervention de la justice, s'effrayent à la pensée de comparaître devant le magistrat et hésitent à demander aide et protection à la charité publique ou privée. On est donc en droit de penser que l'exigence du législateur sur ce point a contribué pour partie à la rareté d'application du titre II.

On a reproché également au législateur de 1889 d'avoir entravé les efforts de la charité privée en exigeant des associations de bienfaisance qui veulent être partie à un contrat de dessaisissement une autorisation spéciale et en édictant contre elles des mesures comminatoires, comme si on les tenait en suspicion.

Sur le premier point, nous nous sommes déjà expliqué et nous croyons avoir suffisamment justifié l'exigence du législateur. Quant à la deuxième critique, elle nous paraît fondée.

La part que l'on devait attendre de la charité privée dans l'œuvre de protection de l'enfance pouvait être considérable et par conséquent le législateur aurait dû s'abstenir d'édicter certaines peines, l'amende ou même l'emprisonnement, comme il l'a fait dans l'article 22 ; une telle disposition était bien de nature à mécontenter les œuvres de charité qui ont obtenu l'autorisation nécessaire et qui, en conséquence, présentaient toutes les garanties désirables.

Quoi qu'il en soit de ces critiques, la tâche du législateur était d'autant plus lourde qu'il lui fallait s'attaquer à des droits qu'on avait l'habitude de considérer comme intangibles, et si faibles qu'aient été les résultats obtenus, il lui faut savoir gré de ses généreux efforts et savoir prendre en considération ce qui a été fait sans s'attacher exclusivement à ce qui aurait dû l'être.

TABLE DES MATIÈRES

IMPRIMERIE F. DEVERDUN, BUZANÇAIS (INDRE).

www.ingramcontent.com/pod-product-compliance
Ingram Content Group UK Ltd.
Pitfield, Milton Keynes, MK11 3LW, UK
UKHW020349230726
13925UKWH00003B/1042

9 782014 08506